编委会名单

本书系广州市高等学校第五批教育教学改革重点资助项目
“广州市属高职院校体制机制改革创新研究”成果

主编 ◎ 查吉德

广州模式

高职院校体制机制改革与创新

GUANGZHOU MOSHI
GAOZHI YUANXIAO TIZHI JIZHI GAIGE YU CHUANGXIN

暨南大学出版社
JINAN UNIVERSITY PRESS

中国·广州

图书在版编目（CIP）数据

广州模式：高职院校体制机制改革与创新/查吉德主编．—广州：暨南大学出版社，2015.3

ISBN 978－7－5668－1295－7

Ⅰ.①广…　Ⅱ.①查…　Ⅲ.①高等职业教育—教育改革—研究—广州市　Ⅳ.①G719.21

中国版本图书馆CIP数据核字（2014）第286847号

出版发行：暨南大学出版社

地　址：中国广州暨南大学
电　话：总编室（8620）85221601
营销部（8620）85225284　85228291　85228292（邮购）
传　真：（8620）85221583（办公室）　85223774（营销部）
邮　编：510630
网　址：http：//www.jnupress.com　http：//press.jnu.edu.cn

排　版：广州市天河星辰文化发展部照排中心
印　刷：深圳市新联美术印刷有限公司

开　本：787mm×960mm　1/16
印　张：13.25
字　数：226千
版　次：2015年3月第1版
印　次：2015年3月第1次

定　价：36.00元

前　言

广州，作为新中国改革开放的前沿阵地，充分发扬敢为人先的改革精神，以体制机制改革与创新为动力，走出了一条具有广州特色的高职教育改革发展之路，形成了中国高职教育的广州模式。

新中国成立以来，在我国高职教育发展的各个历史阶段，广州市始终一马当先，率先贯彻落实党和国家发展高等职业教育的战略要求，积极探索具有广州特色的高职教育改革发展之路。20 世纪 60 年代，为满足广大人民群众高等教育的需求、提高职工学历和科学文化水平，在国家政策的引导下，广州市积极发展成人高等教育，于 1962 年成立了广州业余大学（广州城市职业学院的前身之一），1964 年又成立了广州市业余工业科技学院（广州工程技术职业学院的前身之一）。广州的高职教育即发轫于此。当然，当时的业余大学主要以成人学历教育为主，就功能使命和办学内涵而言，与今天的高职教育仍有较大差异。20 世纪 80 年代，为满足我国经济建设对高等应用型人才的迫切需求，党中央、国务院提出发展高等职业教育的计划，并成立了一批职业大学，广州市作为改革探索的城市之一，于 1983 年成立了广州职业大学（广州大学的前身之一）。20 世纪 90 年代，我国正式提出按新机制举办高等职业教育的计划，广州作为最先探索的城市之一，于 1993 年开始筹建全国首批职业技术学院之一——广州番禺职业技术学院。2010 年，为贯彻落实《国家中长期教育改革和发展规划纲要（2010—2020 年）》的精神，教育部组织开展国家教育体制改革试点工作。广州市以此为契机，主动申请并被教育部确立为“开展地方政府促进高等职业教育发展综合改革试点”城市之一。随着高职教育综合改革试点工作的推进，广州市高职教育体制机制方面的改革探索更加系统化，中国高职教育的广州模式日渐成熟。

中国高职教育的广州模式突出体现在体制机制改革与创新方面。在管理体制上，广州市鼓励多主体办学，充分激发各类办学主体的积极性，探索多种所有制并存的办学模式；在制度安排上，重视顶层设计，发挥政府在发展高等职业教育中的主导作用，将职业教育与终身教育相融合，探索并构建符合经济发展规律、与广州现代产业体系相适应、中高职有效衔接、与普通高等教育相融通、体现终身教育理念、具有广州特色的现代职业教育体系；在资源配置上，发挥市场机制的作用，整合各利益相关者的资源优势，打造职业教育发展利益共同体，走集约化发展之路；在院校内部治理上，积极探索现代学校制度建设，探索符合高职教育办学规律的内部管理制度，形成了诸多极具示范推广价值的内部管理改革创新经验；在教育教学改革上，通过建立政校行企“人才共育、过程共管、责任共担、成果共享”的可持续的良性合作机制，探索符合技术技能人才培养规律的改革模式，保证和提高人才培养质量。

本书立足于体制机制改革创新，对中国高职教育的广州模式进行总结和梳理，展示了广州市在高职教育体制机制改革创新方面的成功经验和48个成功案例。本书提炼的广州模式希望对地方高职教育改革与发展、高职院校体制机制改革与创新有所借鉴。

编　者

2014年9月

目　录

第一章　广州市属高职教育发展现状[①]

目前，广州市共有市属高职院校六所，即广州番禺职业技术学院、广州铁路职业技术学院、广州城市职业学院、广州体育职业技术学院、广州工程技术职业学院和广州科技贸易职业学院。其中，广州番禺职业技术学院是国家首批28所示范性高职院校之一，广州铁路职业技术学院是国家骨干建设院校，广州城市职业学院和广州体育职业技术学院均为广东省示范性建设院校，广州工程技术职业学院被教育部确定为首批教育信息化试点学校。另外，还有大学举办的职业技术学院三所，分别是广州大学举办的市政技术学院、纺织服装学院和广州医科大学举办的卫生职业技术学院。[②]

第一节　广州市属高职院校办学规模

截至2013年，广州市属六所高职院校全日制在校生总数为43 286，校均7 214，招生总数为15 962，校均2 660。六所学校中，规模最大的是广州番禺职业技术学院，全日制在校生为10 448，2013年招生人数为3 614；规模最小的是广州体育职业技术学院，全日制在校生有1 832，2013年招生人数为800。六所市属高职院校2012届毕业生总数为13 885，校均2 314。

---

① 本章数据主要来自广州市属高职院校《2012—2013学年度高等职业教育人才培养质量报告》和《广东省高等职业教育2013年人才培养质量报告》。

② 本书仅对广州市属独立设置的六所高职院校进行研究。

表 1－1　广州市属高职院校办学规模统计表

学校	全日制在校生（人）	实际招生（人）
广州番禺职业技术学院	10 448	3 614
广州铁路职业技术学院	7 715	2 854
广州城市职业学院	8 916	3 146
广州体育职业技术学院	1 832	800
广州工程技术职业学院	7 533	3 207
广州科技贸易职业学院	6 842	2 341
合计	43 286	15 962
校均	7 214	2 660

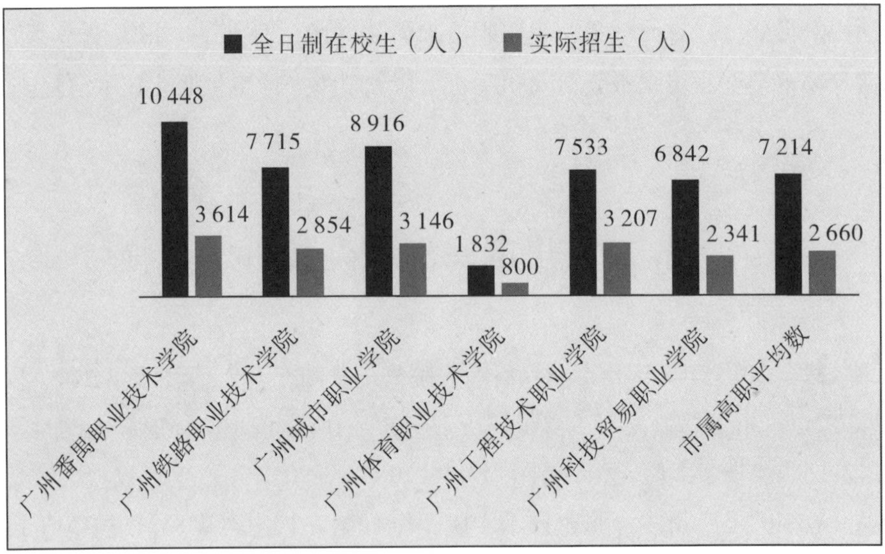

图 1－1　广州市属高职院校办学规模统计图

第二节　广州市属高职院校办学经费

在经费总量方面，从表1－2可见，2013年，广州市属高职院校办学经费总量达11.375亿元，校均1.896亿元。其中，学费收入总计达28 727.53万元，校均4 787.92万元；财政投入（含财政经常性投入以及中央和地方专项投入）共计79 191.87万元，校均13 198.65万元；社会捐赠及其他收入合计5 819.57万元，校均969.93万元。从具体学校来看，六所市属高职院校的办学经费都在1.2亿元以上，财政收入都在6 000万元以上。其中，办学经费最多的是广州番禺职业技术学院，达2.592亿元；财政投入最多的是广州城市职业学院，超过1.8亿元。办学经费和财政投入相对较少的是两所社会团体所办的学校，即广州工程技术职业学院和广州科技贸易职业学院，两所学校办学经费总收入都是1.2亿多元，财政投入都是6 000多万元。

表1－2　广州市属高职院校办学经费统计表

学校	经费总收入		学费收入		财政投入			社会捐赠及其他收入	
	总数（亿元）	生均（万元）	总收入（万元）	占比（%）	总收入（万元）	占比（%）	生均（万元）	总数（万元）	占比（%）
广州番禺职业技术学院	2.592	2.48	7 966	30.73	17 822	68.76	1.71	132	0.51
广州铁路职业技术学院	1.979	2.57	3 710	18.75	13 574.49	68.59	1.76	2 500.82	12.64

（续上表）

学校	经费总收入		学费收入		财政投入			社会捐赠及其他收入	
	总数（亿元）	生均（万元）	总收入（万元）	占比（%）	总收入（万元）	占比（%）	生均（万元）	总数（万元）	占比（%）
广州城市职业学院	2.291	2.57	4 769.06	20.82	18 043.27	78.76	2.02	93.04	0.41
广州体育职业技术学院	2.012	10.98	1 283.79	6.38	17 374.25	86.35	9.48	1 457.50	7.24
广州工程技术职业学院	1.245	1.65	5 218.68	41.92	6 312.14	50.70	0.84	924.15	7.42
广州科技贸易职业学院	1.256	1.84	5 780	46.02	6 065.72	48.29	0.89	712.06	5.67
合计	11.375	—	28 727.53	—	79 191.87	—	—	5 819.57	—
校均	1.896	3.68	4 787.92	27.44	13 198.65	66.91	2.78	969.93	5.65

备注：广州体育职业技术学院同时承担运动员培养任务，财政投入经费包含体育事业费，主要用于日常训练、比赛、文化学习等方面，经费来源多元化。生均经费计算时未将运动员人数计入。

在经费结构方面，从图 1－2 可见，广州市属高职院校的办学经费主要来自财政投入和学费收入。2013 年，全市高职院校财政投入占办学经费收入的比例达 66.91%，学费收入占比为 27.44%，社会捐赠及其他收入占比为 5.65%。在具体学校方面，除广州科技贸易职业学院和广州工程技术职业学院外，其他四所学校的财政投入经费占比接近或超过 70%。其中，广州体育职业技术学院的财政投入经费占比达 86.35%，广州城市职业学院达 78.76%，广州番禺职业技术学院和广州铁路职业技术学院分别为 68.76%、68.59%。在六所学校中，学费收入的占比相差较大。其中，广州工程技术职业学院和广州科技贸易职业学院的学费收入的占比均超过 41%，广州番禺职业技术学院的学费收入占比为 30.73%，广州铁路职业技术学院和广州城市职业学院的学费收入占比则在 20% 左右。

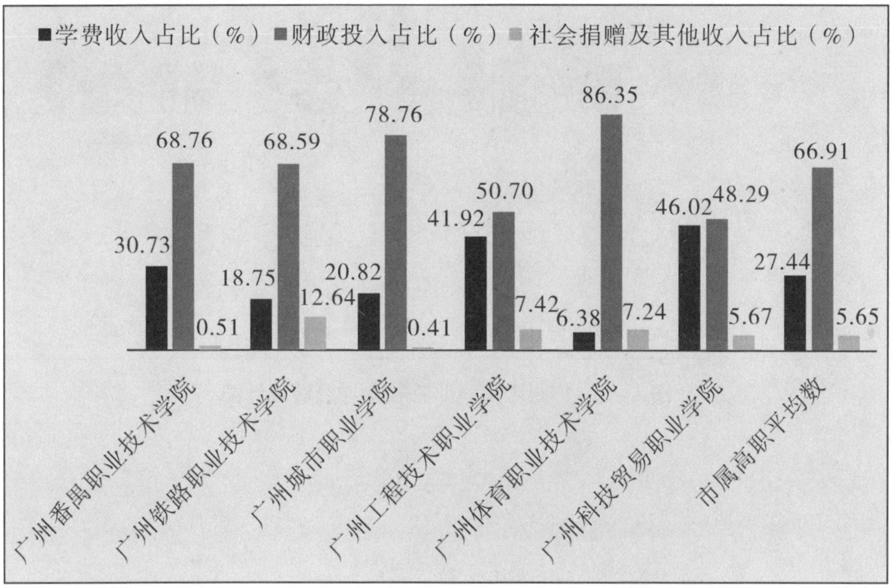

图 1－2　广州市属高职院校办学经费来源构成图

在生均经费①方面，从图 1－3 可见，广州市属高职院校平均生均办学经费达 3.68 万元，生均财政投入达 1.49 万元。② 在具体学校方面，除广州工程技术职业学院和广州科技贸易职业学院外，其他四所学校的生均办学经费都超过或接近 2.5 万元，生均财政投入都超过 1.7 万元。广州工程技术职业学院和广州科技贸易职业学院的生均办学经费分别为 1.65 万元和 1.84 万元，生均财政投入均超过 8 000 元。

---

① 生均经费＝学校的总收入÷全日制在校生数。

② 因广州体育职业技术学院承担了运动员培养任务，生均经费非常高，属于特殊情况，因此，在计算全市生均办学经费时，没有计算在内。

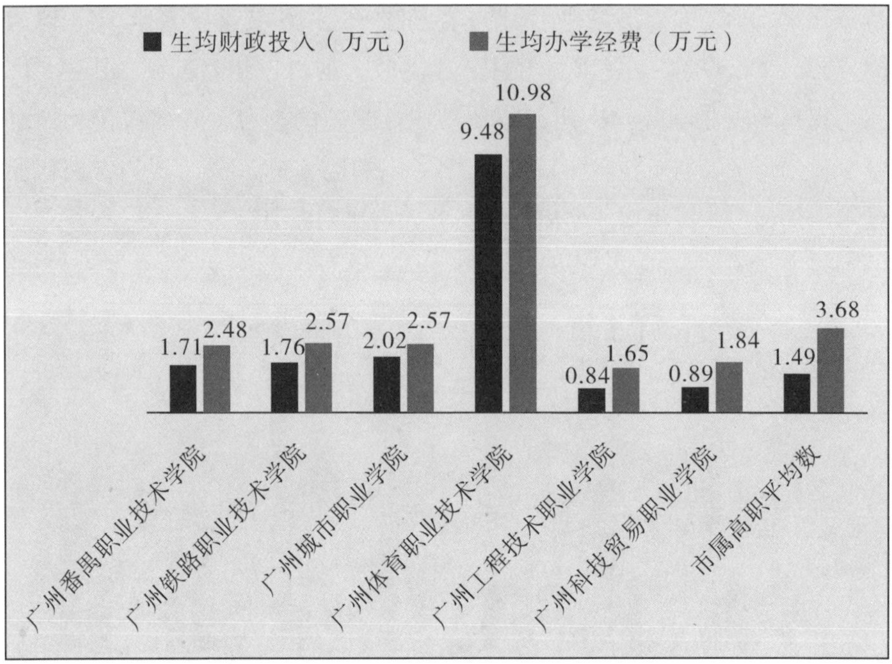

图 1－3　广州市属高职院校生均经费统计图

第三节　广州市属高职院校办学条件

一、校园面积

截至2013年，广州市属六所高职院校校园占地面积总计3 382.32亩，校均占地563.72亩，生均占地53.82平方米。其中，占地面积最大的是广州番禺职业技术学院，校园面积达2 061亩，生均达131.89平方米；另外五所学校的校园面积则相对较小。不过，随着广州教育城的开工建设，广州市属高职院校的办学空间将会极大提升，尤其是入驻教育城的广州铁路职业技术学院、广州城市职业学院的办学环境将会得到极大改善。

表1－3　广州市属高职院校校园面积

学校	总数（亩）	生均（平方米）
广州番禺职业技术学院	2 061	131.89
广州铁路职业技术学院	157.73	16
广州城市职业学院	303.59	22.70
广州体育职业技术学院	270	98.25
广州工程技术职业学院	383	33.90
广州科技贸易职业学院	207	20.17
合计	3 382.32	—
市属高职平均数	563.72	53.82
全省高职平均数	810.4	62.08

备注：广州铁路职业技术学院的数据为校本部数据，该院另有100多亩校企合作用地，累计占地面积300多亩。

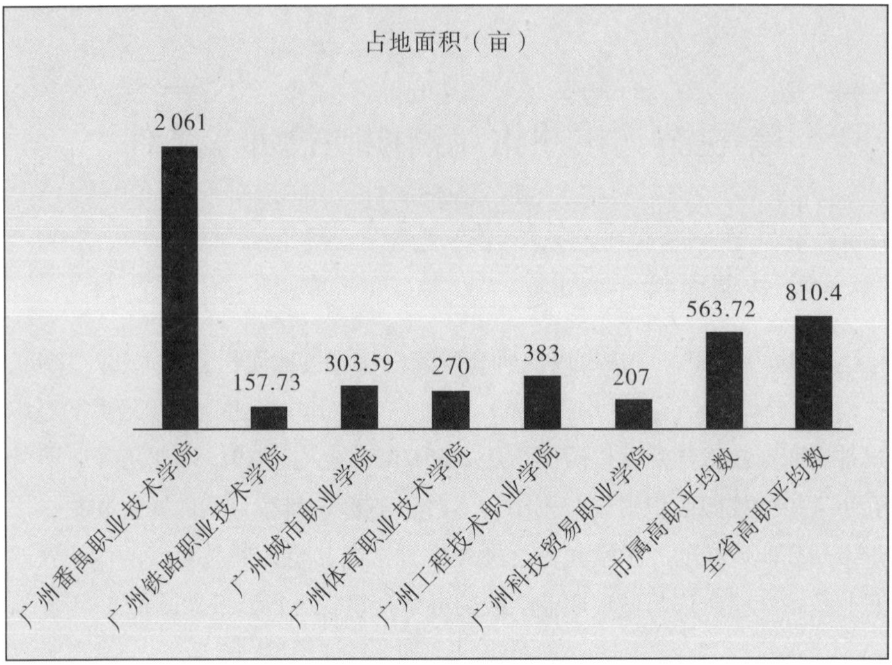

图 1－4　广州市属高职院校占地面积统计图

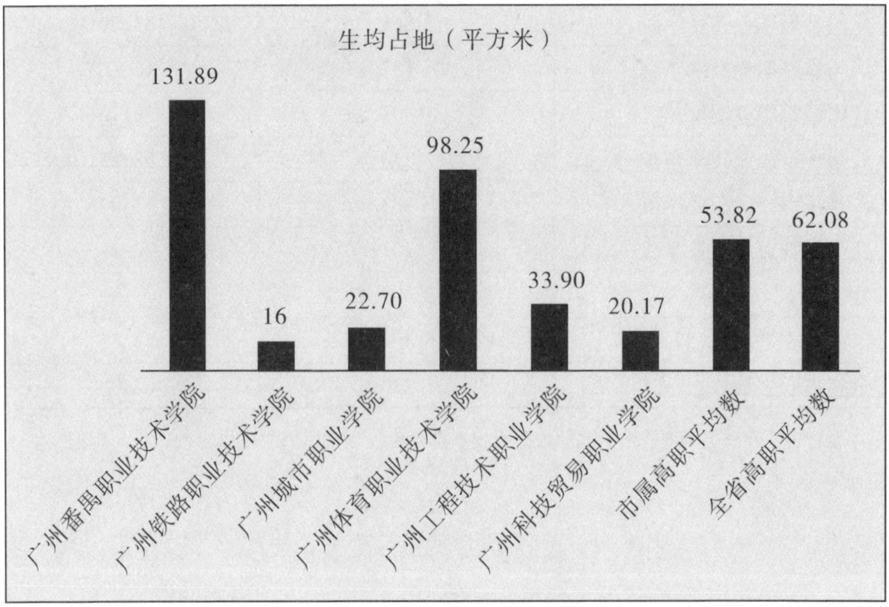

图 1－5　广州市属高职院校生均占地面积统计图

二、建筑面积

截至2013年，广州市属六所高职院校建筑面积合计106.37万平方米，校均17.73万平方米，生均33.51平方米。其中，广州番禺职业技术学院的建筑面积最大，达28.83万平方米，其他五所学校的建筑面积均少于20万平方米。生均建筑面积最大的是广州体育职业技术学院，高达96.71平方米。

在教学行政用房方面，2013年，六所市属高职院校的教学行政用房面积共计60.90万平方米，校均10.15万平方米，生均18.54平方米。其中，教学行政用房最多的是广州番禺职业技术学院，达16.24万平方米；生均教学行政用房最多的是广州体育职业技术学院，达50.02平方米。

在学生宿舍方面，2013年，市属高职院校生均宿舍面积为9.01平方米。生均宿舍面积最大的仍然是广州体育职业技术学院，达21.27平方米；其次是广州番禺职业技术学院，为8.75平方米。

表1-4　广州市属高职院校建筑面积

学校	建筑面积		教学行政用房		生均学生宿舍(平方米)
	总数（万平方米）	生均（平方米）	总数（万平方米）	生均（平方米）	
广州番禺职业技术学院	28.83	27.59	16.24	15.55	8.75
广州铁路职业技术学院	10.66	13.82	7.51	9.73	6.19
广州城市职业学院	19.76	22.16	10.46	11.73	5.52
广州体育职业技术学院	17.72	96.71	9.16	50.02	21.27
广州工程技术职业学院	16.60	22.04	10.45	13.87	7.38
广州科技贸易职业学院	12.80	18.71	7.08	10.35	4.97
合计	106.37	—	60.90	—	—
市属高职平均数	17.73	33.51	10.15	18.54	9.01
全省高职平均数	21.91	25.19	12.53	14.40	7.96

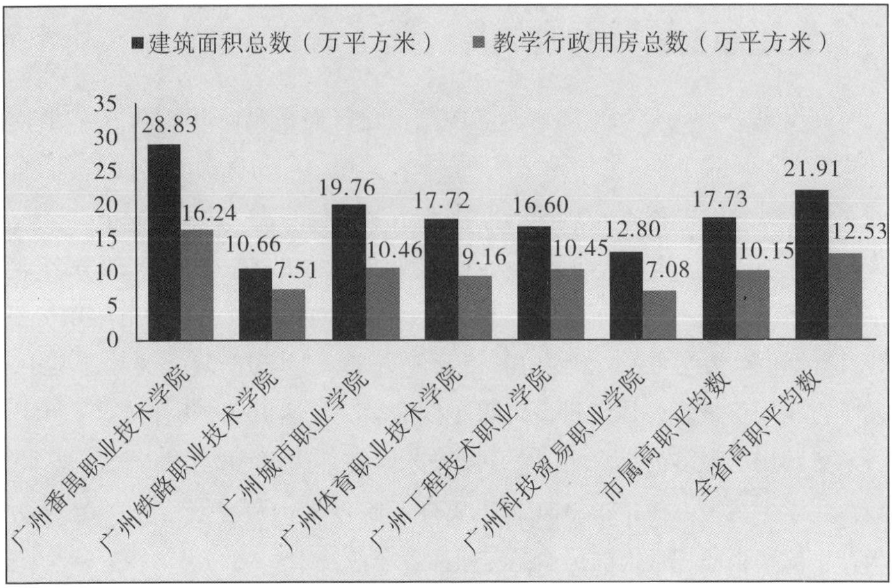

图 1－6　广州市属高职院校建筑面积统计图

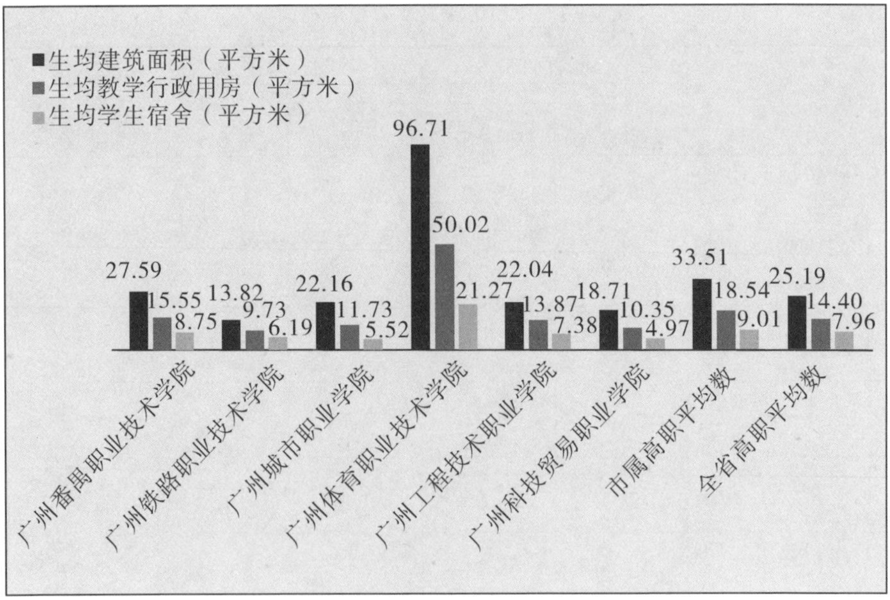

图 1－7　广州市属高职院校生均建筑面积统计图

三、教学科研仪器设备

据统计，2013 年，广州市属六所高职院校教学科研仪器设备总值为 5. 38 亿元，校均 0. 90 亿元，生均 1. 12 万元，百名学生配备的计算机约为 44 台，百名学生配多媒体和语音实验室座位约为 109 个。其中，教学科研仪器设备总值最高的是广州番禺职业技术学院，达 1. 50 亿元；生均教学科研仪器设备值最高的是广州铁路职业技术学院，达 1. 91 万元；百名学生配备计算机台数最多的是广州番禺职业技术学院，近 60 台；百名学生配多媒体和语音实验室座位数最多的是广州体育职业技术学院，达 152 个。

表 1－5　广州市属高职院校教学科研仪器设备情况

学校	教学科研仪器设备总值（亿元）	生均教学科研仪器设备值（万元）	百名学生配备计算机台数（台）	百名学生配多媒体和语音实验室座位数（个）
广州番禺职业技术学院	1. 50	1. 33	59. 98	124. 19
广州铁路职业技术学院	1. 32	1. 91	49. 55	102. 01
广州城市职业学院	1. 34	1. 50	49	121
广州体育职业技术学院	0. 14	0. 76	26	152
广州工程技术职业学院	0. 65	0. 60	40	96
广州科技贸易职业学院	0. 43	0. 60	39	59
合计	5. 38	—	—	—
市属高职平均数	0. 90	1. 12	43. 92	109. 03
全省高职平均数	0. 61	0. 70	25. 88	98. 06

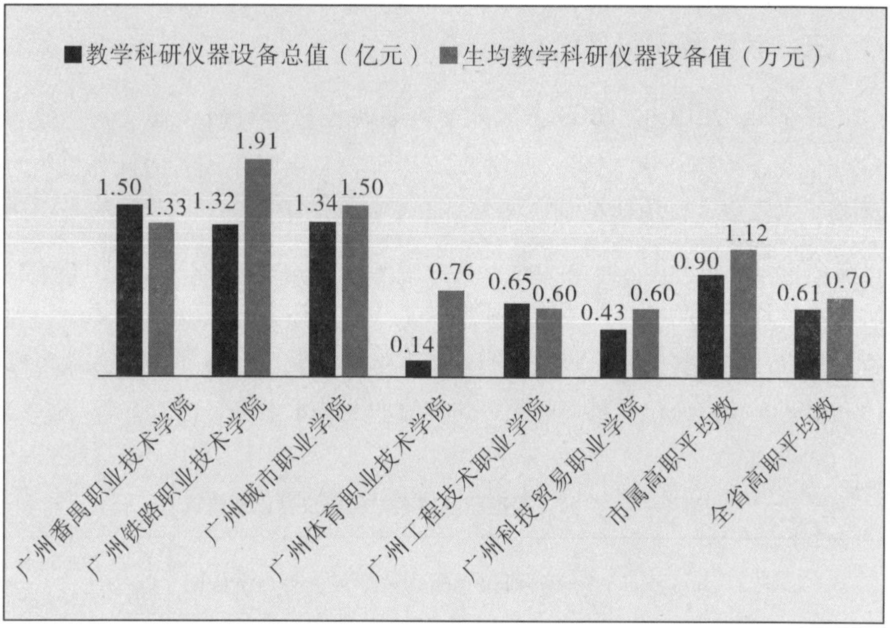

图 1－8　广州市属高职院校教学科研仪器设备值统计图

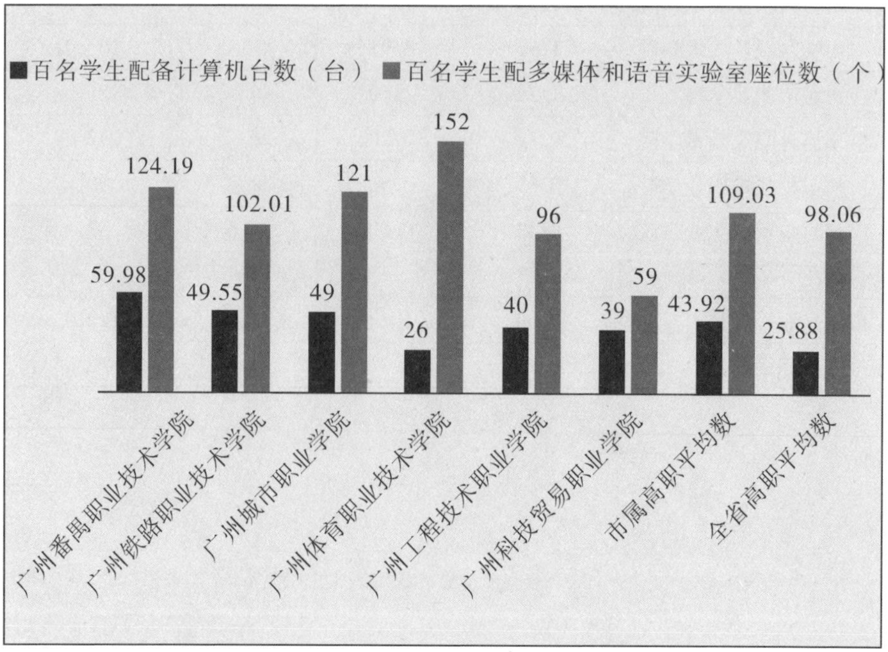

图1－9　广州市属高职院校百名学生配多媒体和语音实验室座位数和计算机台数统计图

四、实训基地

据统计，2013 年广州市属六所高职院校共建有校内实训基地 282 个，校均 47 个，共建有校外实训基地 977 个，校均 163 个；五所学校共建有“年接受 10 人以上顶岗实习”的紧密型校外实训基地 312 个，校均 62 个（广州体育职业技术学院未统计）。

表 1－6　广州市属高职院校实训基地建设情况

学校	校内实训基地（个）	校外实训基地（个）	年接受 10 人以上顶岗实习的校外实训基地（个）
广州番禺职业技术学院	31（166 室）	342	63
广州铁路职业技术学院	103	97	85
广州城市职业学院	19（185 室）	221	48
广州体育职业技术学院	9（34 室）	49	—
广州工程技术职业学院	29	123	31
广州科技贸易职业学院	91	145	85
合计	282	977	312
市属高职平均数	47	163	62

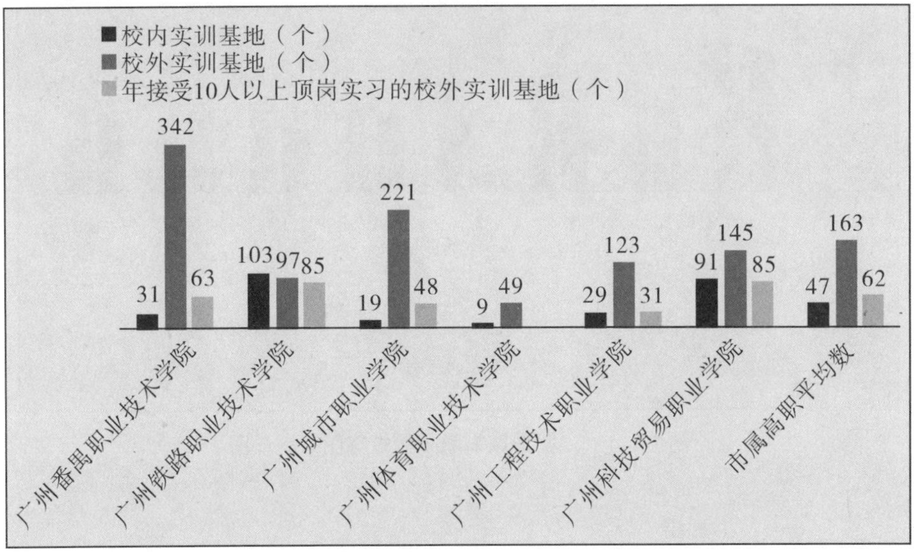

图 1－10　广州市属高职院校校内外实训基地数统计图

五、馆藏图书

据统计，截至 2013 年，广州六所市属高职院校馆藏纸质图书共计 348.66 万册，校均超过 58 万册，生均近 78 册。其中，纸质图书藏书量最大的是广州番禺职业技术学院，达 101.53 万册，生均近 90 册。

表 1－7　广州市属高职院校馆藏图书

学校	纸质图书（万册）	生均（册）
广州番禺职业技术学院	101.53	89.95
广州铁路职业技术学院	60	77.77
广州城市职业学院	72.80	81.65
广州体育职业技术学院	14.72	80.34
广州工程技术职业学院	56.21	74.62
广州科技贸易职业学院	43.40	63.43
合计	348.66	—
市属高职平均数	58.11	77.96
全省高职平均数	55.43	60.97

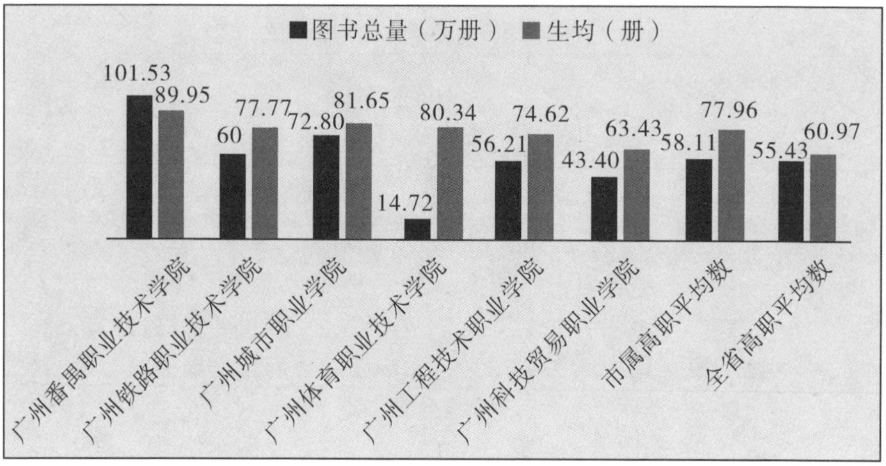

图 1－11　广州市属高职院校馆藏图书统计图

六、专任教师

据统计，截至2013年，广州市属高职院校共有专任教师2 064人，校均344人，校均专任教师生师比为20.88∶1。专任教师中，有高级职称的518人，占25.43%，“双师”素质教师占63.20%，硕士以上学位的教师占53.38%。六所学校中，广州番禺职业技术学院的专任教师总数最多（499人）；广州城市职业学院硕士以上学位教师比例（67.57%）和高级职称比例（32.68%）最高，广州体育职业技术学院的专任教师生师比最小（14.89∶1）；广州科技贸易职业学院“双师”素质教师的比例最高（71.76%）。

表1－8　广州市属高职院校专任教师队伍

学校	总数（人）	生师比	专任教师生师比	高级职称（人）	高级职称占比（%）	“双师”素质教师占比（%）	硕士以上学位占比（%）
广州番禺职业技术学院	499	20.11	20.94	111	22.24	62.60	62.73
广州铁路职业技术学院	380	20.36	21.76	86	22.63	71.58	49.47
广州城市职业学院	407	16.36	21.36	133	32.68	66.34	67.57
广州体育职业技术学院	113	7.06	14.89	32	28.32	64.89	50.44
广州工程技术职业学院	364	13.33	23.60	89	24.45	42.03	31.59
广州科技贸易职业学院	301	20.91	22.73	67	22.26	71.76	58.47
合计	2 064	—	—	518	—	—	—
市属高职平均数	344	16.36	20.88	86.33	25.43	63.20	53.38
全省高职平均数	3.22万	18.63	21.35	8 061	25.02	45.82	—

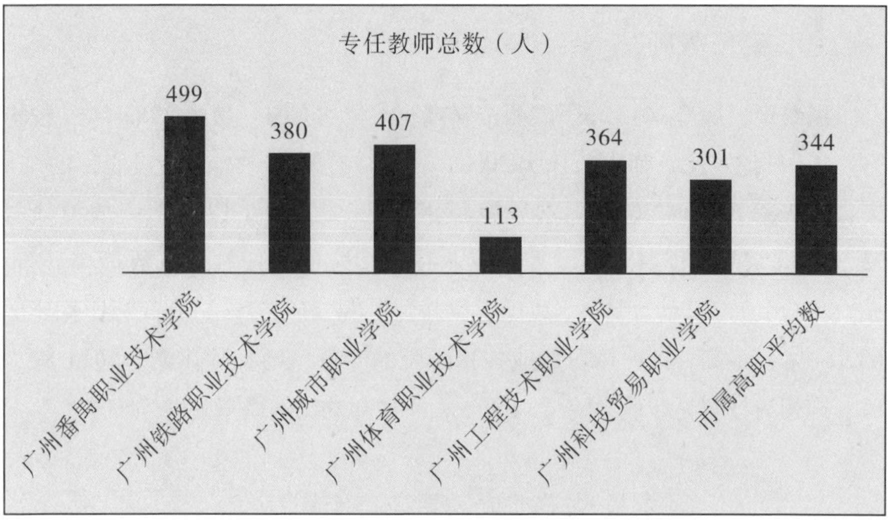

图 1－12　广州市属高职院校专任教师总数统计图

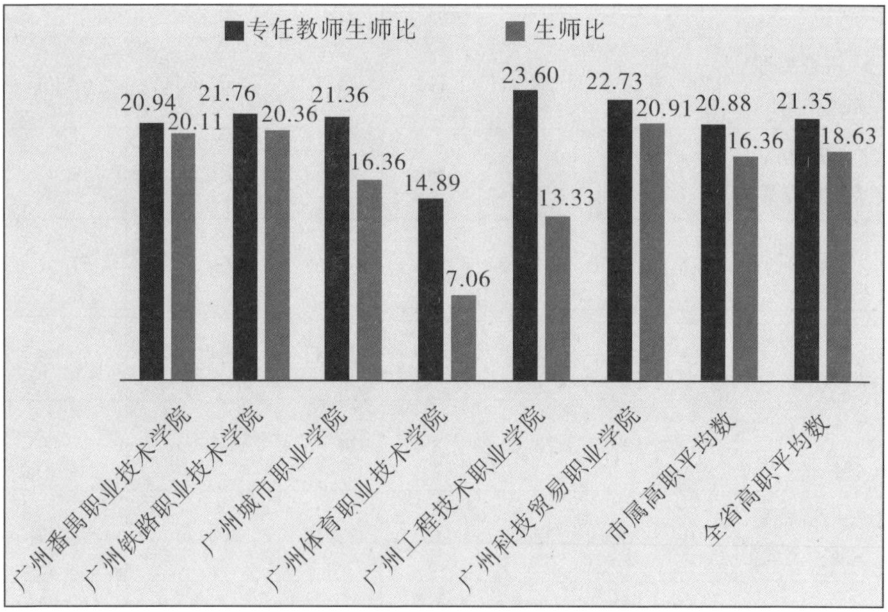

图 1－13　广州市属高职院校生师比统计图

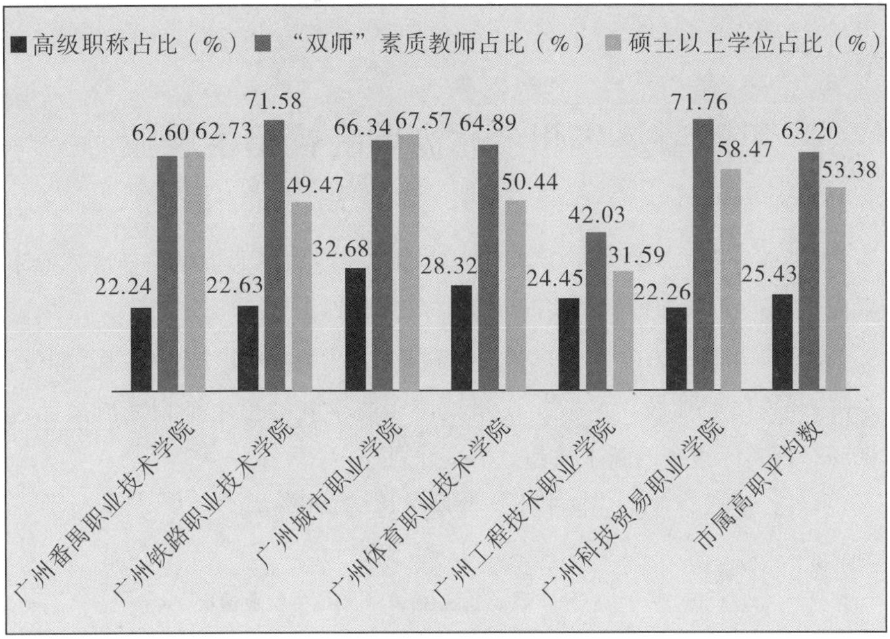

图 1－14　广州市属高职院校专任教师结构图

第四节　广州市属高职院校招生就业

在就业方面，2013 年，广州市属高职院校应届毕业生平均初次就业率达 98.27%，六所学校的初次就业率都在 96% 以上。

在招生方面，2013 年，广州市属高职院校招生计划完成率为 93.82%，其中广州铁路职业技术学院、广州城市职业学院的招生计划完成率超过 100%，即实际报到的新生数超过招生计划数。

另外，应届毕业生双证书平均获取率达 97.50%。

表 1－9　广州市属高职院校 2013 年招生就业情况

学校	初次就业率（%）	招生计划完成率（%）	毕业生获取中级以上技能证书或职业资格证书的比率（%）
广州番禺职业技术学院	98.52	95.11	94.73
广州铁路职业技术学院	99.01	129.70	100
广州城市职业学院	97.60	101.50	96.45
广州体育职业技术学院	96.93	80	100
广州工程技术职业学院	98.91	77.30	98.98
广州科技贸易职业学院	98.63	79.30	94.81
市属高职平均数	98.27	93.82	97.50

注：招生计划完成率是指实际报到新生数与招生计划数之比。

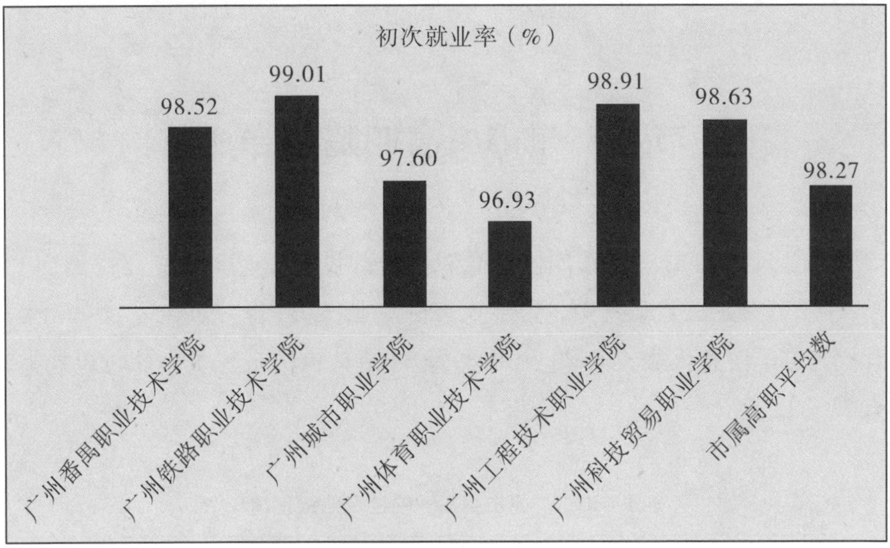

图 1－15　广州市属高职院校 2013 年毕业生初次就业率统计图

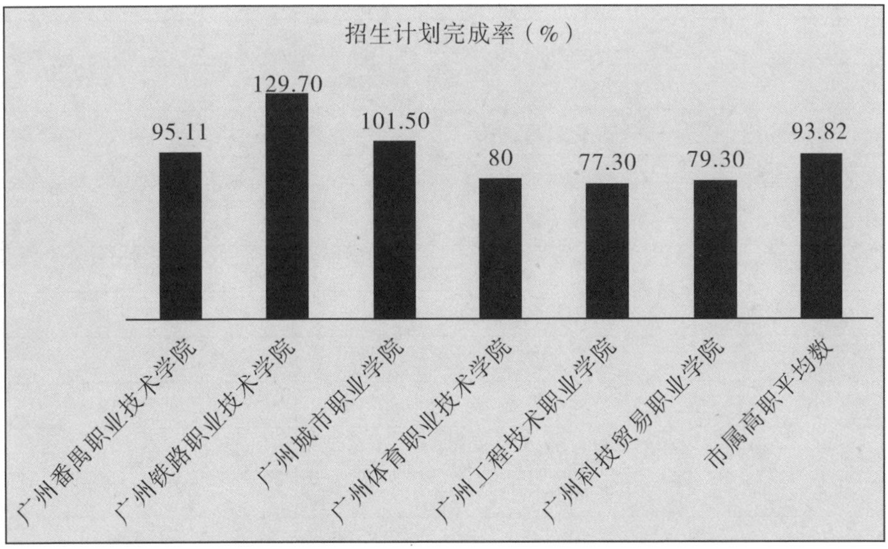

图 1－16　广州市属高职院校 2013 年招生计划完成率统计图

第五节 广州市属高职院校专业结构

截至2013年，广州市属六所高职院校共设置了139个专业（方向），涉及13个专业大类。其中，财经大类的专业（方向）数最多，达26个；其次是电子信息大类，有24个专业（方向）；再次是艺术设计传媒大类，有21个专业（方向）。

表1-10 广州市属高职院校专业设置情况

序号	专业类别	专业（方向）数（个）
1	财经大类	26
2	电子信息大类	24
3	艺术设计传媒大类	21
4	制造大类	15
5	文化教育大类	14
6	交通运输大类	9
7	土建大类	6
8	轻纺食品大类	6
9	生化与药品大类	5
10	旅游大类	5
11	公共事业大类	5
12	农林牧渔大类	2
13	资源开发与测绘大类	1
合计	—	139

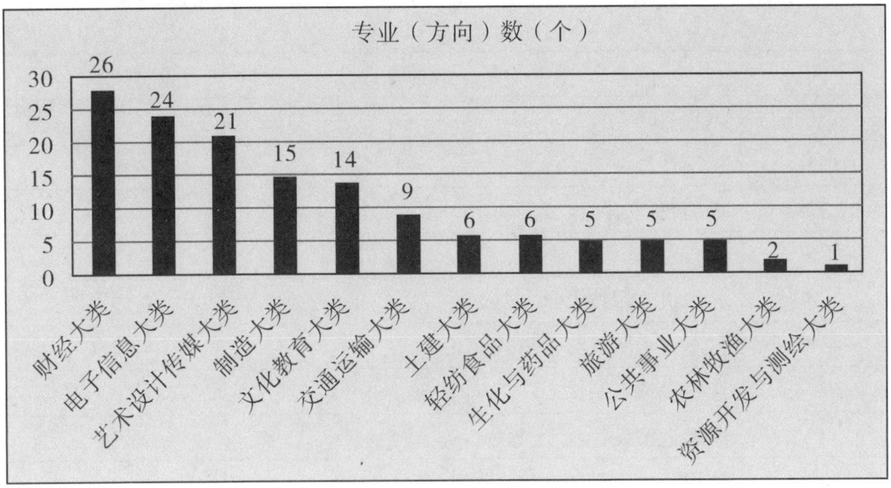

图 1－17　广州市属高职院校专业设置情况分布图

另外，从专业设置来看，广州市属六所高职院校能坚持错位发展，六所学校共设置的 139 个专业（方向），只有 33 个专业（方向）有重复。其中，重复最多的是计算机网络技术、市场营销、汽车检测与维修技术和物流管理专业（方向），有五所市属高职院校同时设置了这四个专业；其次是模具设计与制造、商务英语和应用电子技术专业（方向），有四所市属高职院校同时设置了这三个专业。

表 1－11　广州市属高职院校重复设置的专业一览表

序号	专业（方向）名称	设置学校数（所）
1	计算机网络技术	5
2	市场营销	5
3	汽车检测与维修技术	5
4	物流管理	5
5	模具设计与制造	4
6	商务英语	4
7	应用电子技术	4
8	数控技术	3
9	机电一体化技术	3

（续上表）

序号	专业（方向）名称	设置学校数（所）
10	电气自动化技术	3
11	房地产经营与估价	3
12	酒店管理	3
13	社会工作	3
14	计算机应用技术	3
15	汽车技术服务与营销	2
16	广告设计与制作	2
17	产品造型设计	2
18	应用英语	2
19	文秘	2
20	商务日语	2
21	建筑工程技术	2
22	涉外旅游	2
23	旅游管理	2
24	会展策划与管理	2
25	人力资源管理	2
26	信息安全技术	2
27	装潢艺术设计	2
28	市场营销（电子商务）	2
29	会计电算化	2
30	国际经济与贸易	2
31	国际金融	2
32	工商企业管理	2
33	电子商务	2

表1－12 广州市属高职院校专业设置一览表

序号	专业类别	专业（方向）名称	设置学校	设置学校数（所）
1	资源开发与测绘大类	珠宝鉴定与营销	广州番禺职业技术学院	1
2	制造大类	玩具质量检验与管理	广州番禺职业技术学院	1
3	制造大类	玩具设计与制造	广州番禺职业技术学院	1
4	制造大类	数控技术	广州番禺职业技术学院、广州铁路职业技术学院、广州工程技术职业学院	3
5	制造大类	汽车检测与维修技术（商用汽车）	广州工程技术职业学院	1
6	制造大类	汽车检测与维修技术	广州城市职业学院、广州科技贸易职业学院、广州铁路职业技术学院、广州工程技术职业学院、广州番禺职业技术学院	5
7	制造大类	汽车技术服务与营销	广州科技贸易职业学院、广州番禺职业技术学院	2
8	制造大类	模具设计与制造	广州科技贸易职业学院、广州番禺职业技术学院、广州铁路职业技术学院、广州工程技术职业学院	4
9	制造大类	计算机辅助设计与制造	广州城市职业学院	1
10	制造大类	机械制造与自动化	广州铁路职业技术学院	1
11	制造大类	机电一体化技术（数控技术及应用）	广州科技贸易职业学院	1
12	制造大类	机电一体化技术（机器人技术）	广州工程技术职业学院	1
13	制造大类	机电一体化技术（电梯安装与维护）	广州工程技术职业学院	1

（续上表）

序号	专业类别	专业（方向）名称	设置学校	设置学校数（所）
14	制造大类	机电一体化技术	广州城市职业学院、广州铁路职业技术学院、广州工程技术职业学院	3
15	制造大类	机电设备维修与管理	广州铁路职业技术学院	1
16	制造大类	电气自动化技术	广州科技贸易职业学院、广州铁路职业技术学院、广州番禺职业技术学院	3
17	艺术设计传媒大类	装潢艺术设计	广州城市职业学院、广州番禺职业技术学院	2
18	艺术设计传媒大类	珠宝首饰工艺及鉴定	广州番禺职业技术学院	1
19	艺术设计传媒大类	影视动画	广州番禺职业技术学院	1
20	艺术设计传媒大类	音乐表演	广州科技贸易职业学院	1
21	艺术设计传媒大类	艺术设计（影视动画设计与制作）	广州科技贸易职业学院	1
22	艺术设计传媒大类	艺术设计（商业美术设计）	广州番禺职业技术学院	1
23	艺术设计传媒大类	艺术设计（环境艺术设计）	广州科技贸易职业学院	1
24	艺术设计传媒大类	艺术设计（广告设计与制作应用）	广州科技贸易职业学院	1
25	艺术设计传媒大类	艺术设计（服装设计）	广州工程技术职业学院	1
26	艺术设计传媒大类	艺术设计（动漫与数码设计）	广州工程技术职业学院	1

（续上表）

序号	专业类别	专业（方向）名称	设置学校	设置学校数（所）
27	艺术设计传媒大类	艺术设计（餐饮艺术设计）	广州工程技术职业学院	1
28	艺术设计传媒大类	网络新闻与编辑	广州城市职业学院	1
29	艺术设计传媒大类	首饰设计	广州番禺职业技术学院	1
30	艺术设计传媒大类	视觉传达艺术设计	广州城市职业学院	1
31	艺术设计传媒大类	皮具设计	广州番禺职业技术学院	1
32	艺术设计传媒大类	环境艺术设计	广州番禺职业技术学院	1
33	艺术设计传媒大类	广告设计与制作（展示设计）	广州工程技术职业学院	1
34	艺术设计传媒大类	广告设计与制作（环境艺术设计）	广州工程技术职业学院	1
35	艺术设计传媒大类	广告设计与制作	广州城市职业学院、广州工程技术职业学院	2
36	艺术设计传媒大类	产品造型设计（灯饰设计与应用）	广州科技贸易职业学院	1
37	艺术设计传媒大类	产品造型设计	广州工程技术职业学院、广州番禺职业技术学院	2
38	文化教育大类	运动训练	广州体育职业技术学院	1
39	文化教育大类	应用英语（实用商务英语）	广州科技贸易职业学院	1
40	文化教育大类	应用英语	广州铁路职业技术学院、广州番禺职业技术学院	2

（续上表）

序号	专业类别	专业（方向）名称	设置学校	设置学校数（所）
41	文化教育大类	应用日语	广州铁路职业技术学院	1
42	文化教育大类	文秘（商务）	广州城市职业学院	1
43	文化教育大类	文秘	广州铁路职业技术学院、广州番禺职业技术学院	2
44	文化教育大类	体育服务与管理	广州体育职业技术学院	1
45	文化教育大类	体育保健	广州体育职业技术学院	1
46	文化教育大类	社会体育	广州体育职业技术学院	1
47	文化教育大类	商务英语（商务翻译）	广州工程技术职业学院	1
48	文化教育大类	商务英语（国际贸易）	广州番禺职业技术学院	1
49	文化教育大类	商务英语	广州城市职业学院、广州铁路职业技术学院、广州工程技术职业学院、广州番禺职业技术学院	4
50	文化教育大类	商务日语	广州城市职业学院、广州番禺职业技术学院	2
51	文化教育大类	旅游英语（旅游管理）	广州科技贸易职业学院	1
52	土建大类	市政工程技术	广州城市职业学院	1
53	土建大类	建筑工程技术	广州城市职业学院、广州番禺职业技术学院	2
54	土建大类	供热通风与空调工程技术	广州铁路职业技术学院	1

（续上表）

序号	专业类别	专业（方向）名称	设置学校	设置学校数（所）
55	土建大类	工程造价	广州番禺职业技术学院	1
56	土建大类	房地产经营与估价（物业管理）	广州城市职业学院	1
57	土建大类	房地产经营与估价	广州城市职业学院、广州科技贸易职业学院、广州番禺职业技术学院	3
58	生化与药品大类	应用化工技术（油气储运技术）	广州工程技术职业学院	1
59	生化与药品大类	应用化工技术（化工设备维修技术）	广州工程技术职业学院	1
60	生化与药品大类	应用化工技术（化工电气自动化）	广州工程技术职业学院	1
61	生化与药品大类	石油化工生产技术（精细化工）	广州工程技术职业学院	1
62	生化与药品大类	石油化工生产技术	广州工程技术职业学院	1
63	轻纺食品大类	鞋类和皮具设计	广州科技贸易职业学院	1
64	轻纺食品大类	食品营养与检测（食品安全）	广州城市职业学院	1
65	轻纺食品大类	食品营养与检测（公共营养与保健）	广州城市职业学院	1
66	轻纺食品大类	食品生物技术	广州城市职业学院	1
67	轻纺食品大类	食品加工技术	广州城市职业学院	1
68	轻纺食品大类	服装设计	广州科技贸易职业学院	1

（续上表）

序号	专业类别	专业（方向）名称	设置学校	设置学校数（所）
69	农林牧渔大类	城市园林（园艺技术）	广州城市职业学院	1
70	农林牧渔大类	城市园林	广州城市职业学院	1
71	旅游大类	涉外旅游	广州铁路职业技术学院、广州番禺职业技术学院	2
72	旅游大类	旅游管理	广州城市职业学院、广州番禺职业技术学院	2
73	旅游大类	酒店管理	广州城市职业学院、广州体育职业技术学院、广州番禺职业技术学院	3
74	旅游大类	会展策划与管理	广州城市职业学院、广州科技贸易职业学院	2
75	旅游大类	餐饮管理与服务（餐饮经理）	广州工程技术职业学院	1
76	交通运输大类	铁道机车车辆	广州铁路职业技术学院	1
77	交通运输大类	铁道工程技术	广州铁路职业技术学院	1
78	交通运输大类	集装箱运输管理	广州铁路职业技术学院	1
79	交通运输大类	高速动车组检修技术	广州铁路职业技术学院	1
80	交通运输大类	电气化铁道技术	广州铁路职业技术学院	1
81	交通运输大类	城市轨道交通运营管理（地铁运营管理）	广州科技贸易职业学院	1

（续上表）

序号	专业类别	专业（方向）名称	设置学校	设置学校数（所）
82	交通运输大类	城市轨道交通运营管理	广州铁路职业技术学院	1
83	交通运输大类	城市轨道交通控制	广州铁路职业技术学院	1
84	交通运输大类	城市轨道交通车辆	广州铁路职业技术学院	1
85	公共事业大类	社区管理与服务	广州城市职业学院	1
86	公共事业大类	社会工作	广州城市职业学院、广州科技贸易职业学院、广州番禺职业技术学院	3
87	公共事业大类	人力资源管理（人力资源管理师）	广州工程技术职业学院	1
88	公共事业大类	人力资源管理	广州城市职业学院、广州番禺职业技术学院	2
89	公共事业大类	公共事务管理	广州科技贸易职业学院	1
90	电子信息大类	应用电子技术	广州城市职业学院、广州铁路职业技术学院、广州工程技术职业学院、广州番禺职业技术学院	4
91	电子信息大类	信息安全技术	广州工程技术职业学院、广州番禺职业技术学院	2
92	电子信息大类	物联网应用技术	广州城市职业学院	1
93	电子信息大类	图形图像制作（计算机仿真技术）	广州工程技术职业学院	1
94	电子信息大类	软件技术（移动应用开发）	广州城市职业学院	1

（续上表）

序号	专业类别	专业（方向）名称	设置学校	设置学校数（所）
95	电子信息大类	软件技术（软件外包服务）	广州城市职业学院	1
96	电子信息大类	软件技术（软件设计）	广州番禺职业技术学院	1
97	电子信息大类	软件技术（软件测试）	广州番禺职业技术学院	1
98	电子信息大类	嵌入式技术与应用	广州番禺职业技术学院	1
99	电子信息大类	计算机应用技术（游戏设计）	广州番禺职业技术学院	1
100	电子信息大类	计算机应用技术（移动互联网开发应用）	广州科技贸易职业学院	1
101	电子信息大类	计算机应用技术（网络游戏开发）	广州工程技术职业学院	1
102	电子信息大类	计算机应用技术（企业信息管理师）	广州工程技术职业学院	1
103	电子信息大类	计算机应用技术（互动媒体技术）	广州番禺职业技术学院	1
104	电子信息大类	计算机应用技术（IT 运维与管理）	广州番禺职业技术学院	1
105	电子信息大类	计算机应用技术（IT 运维服务）	广州城市职业学院	1
106	电子信息大类	计算机应用技术	广州城市职业学院、广州铁路职业技术学院、广州工程技术职业学院	3

（续上表）

序号	专业类别	专业（方向）名称	设置学校	设置学校数（所）
107	电子信息大类	计算机网络技术	广州城市职业学院、广州科技贸易职业学院、广州铁路职业技术学院、广州工程技术职业学院、广州番禺职业技术学院	5
108	电子信息大类	计算机多媒体技术	广州铁路职业技术学院	1
109	电子信息大类	动漫设计与制作（游戏艺术与数码设计）	广州科技贸易职业学院	1
110	电子信息大类	动漫设计与制作（网络媒体与游戏开发）	广州科技贸易职业学院	1
111	电子信息大类	动漫设计与制作	广州铁路职业技术学院	1
112	电子信息大类	电子信息工程技术（通信及信息技术）	广州科技贸易职业学院	1
113	电子信息大类	电子信息工程技术（电子应用技术）	广州科技贸易职业学院	1
114	财经大类	物流管理（国际物流）	广州工程技术职业学院	1
115	财经大类	物流管理（报关员）	广州工程技术职业学院	1
116	财经大类	物流管理	广州城市职业学院、广州科技贸易职业学院、广州铁路职业技术学院、广州工程技术职业学院、广州番禺职业技术学院	5
117	财经大类	投资与理财	广州番禺职业技术学院	1

（续上表）

序号	专业类别	专业（方向）名称	设置学校	设置学校数（所）
118	财经大类	市场营销（电子商务）	广州工程技术职业学院、广州城市职业学院	2
119	财经大类	市场营销	广州城市职业学院、广州科技贸易职业学院、广州体育职业技术学院、广州铁路职业技术学院、广州番禺职业技术学院	5
120	财经大类	连锁经营管理	广州番禺职业技术学院	1
121	财经大类	金融管理与实务	广州番禺职业技术学院	1
122	财经大类	金融保险	广州城市职业学院	1
123	财经大类	会计电算化	广州工程技术职业学院、广州番禺职业技术学院	2
124	财经大类	会计（注册会计师）	广州工程技术职业学院	1
125	财经大类	会计	广州城市职业学院	1
126	财经大类	国际商务	广州番禺职业技术学院	1
127	财经大类	国际贸易实务	广州城市职业学院	1
128	财经大类	国际经济与贸易	广州科技贸易职业学院、广州工程技术职业学院	2
129	财经大类	国际金融	广州工程技术职业学院、广州番禺职业技术学院	2
130	财经大类	工商企业管理（旅游服务与酒店管理）	广州工程技术职业学院	1
131	财经大类	工商企业管理（连锁经营管理师）	广州工程技术职业学院	1
132	财经大类	工商企业管理（创业管理）	广州番禺职业技术学院	1

（续上表）

序号	专业类别	专业（方向）名称	设置学校	设置学校数（所）
133	财经大类	工商企业管理（ERP 应用师）	广州工程技术职业学院	1
134	财经大类	工商企业管理	广州工程技术职业学院、广州番禺职业技术学院	2
135	财经大类	电子商务	广州科技贸易职业学院、广州番禺职业技术学院	2
136	财经大类	财务管理（税务代理）	广州科技贸易职业学院	1
137	财经大类	财务管理（会计核算与分析）	广州科技贸易职业学院	1
138	财经大类	财务管理	广州城市职业学院	1
139	财经大类	报关与国际货代	广州铁路职业技术学院	1

第二章　由政府主导，确保高职教育的公益性

高职教育是坚持市场化，还是强化公益性？是市场责任，还是政府责任？《中华人民共和国教育法》第八条规定：教育活动必须符合国家和社会公共利益。由此，从法律上确立了教育的公益性。高职教育也不例外，它是市场无法有效供给而由政府主导并供给的一项公共服务，符合国家和社会的公共利益，可以使国家、社会、企业和学生四个主体共同受益。作为一项公益性事业，政府必须在高职教育发展中起主导作用。

广州市在发展高职教育方面，政府始终起主导作用，这能确保高职教育的公益性，如广州市属六所高职院校的办学经费主要来自财政投入（详见表1－2）。除在办学经费投入上起主导作用之外，广州市政府还通过顶层设计、深化广州市属高职院校内涵建设、创新管理制度等方式促进高职教育的健康、快速发展。

第一节　重视顶层设计，谋划职业教育改革与发展

广州市委、市政府根据广州市经济社会发展的要求，把握广州市经济社会发展的阶段性矛盾规律，在不同的历史发展阶段，始终高度重视职业教育的发展，并加强职业教育的顶层设计，全面统筹规划职业教育的改革与发展。

如1999年4月，广州市人民政府作出《广州市人民政府关于进一步改革和发展职业教育的决定》（穗府〔1999〕26号，以下简称《决定》）。《决定》从五个方面对广州市未来一段时间职业教育的改革与发展进行了顶层设计。

（1）确立了职业教育改革与发展方针。此方针要求职业教育坚持产业化、社会化、联合化发展方向。所谓产业化是指职业教育在社会主义市场经济体制下，必须主动适应经济和社会发展的需要，以劳动力市场的全面开放为契机，按照社会主义市场经济的运行机制，创造性地改革职教体制，讲求规模效益、质量效益和服务效益。所谓社会化是指职业教育要打破行业界限，面向全社会各行各业，构建多层次、全方位的职业教育与培训体系，面向全社会办学，为社会培养适销对路的人才，满足社会公民接受终身教育的需求。所谓联合化是指要调整学校数量和布局，改变专业设置重复、投资重复的局面；要促进投资办学的联合，在有利于推进职业教育发展的前提下，实施跨所有制、跨地区、跨部门的投资联合，最大限度地调动社会各界兴办职业教育的积极性，力促职业教育在投资体制改革上取得突破；要实现产、学、研的联合，推动企业与学校联合、培训与使用联合，通过建立多种形式的教学、科研和生产联合体，把现代科学知识和科学技术引入职业教育，使学生的学习与社会工作岗位紧密结合；要促进办学资源的联合，在职业教育内部同一层次之间，中专、职业高中和技校要相互融通、优势互补、专业统筹，并使之与普通高中协调发展。广州市提出的产业化、社会化和联合化的职业教育发展方针，充分体现了职业教育的发展规律，对职业教育的改革与发展具有重要的指导作用。尤其可贵的是，广州市比较早地提出混合所有制办学的改革方向，即探索跨所有制、跨地区、跨部门的投资联合。该改革思路与当下国家提倡的股份制、混合所有制办学是一致的。《国务院关于加快发展现代职业教育的决定》（国发〔2014〕19 号）明确提出：探索发展股份制、混合所有制职业院校，允许以资本、知识、技术、管理等要素参与办学并享有相应权利。

（2）明确了职业教育的改革发展目标。如提出大力发展高等职业教育，通过对现有普通高校和成人高校的改革、改组、改制，推进高等职业教育迅速发展，包括积极推动国家级、省级重点中等职业学校举办高职班，支持、帮助民办专修学院办好高等教育学历文凭考试班和其他高等职业培训班，通过拓宽中等与高等职业教育之间的衔接渠道，促进职业教育培养目标重心逐步上移。可见，早在 1999 年，广州市就已意识到中职教育与高职教育衔接的重要性，并探索两者间的衔接通道。

（3）提出“优化职业教育结构，提高办学效益”的规划要求，包括重组教育资源，调整职业学校的数量和布局。如谋划将广州业余大学、广州市经济管理干部学院、广州市财贸管理干部学院和广州市乡镇企业管理干部学院四所成人高校合并组建为广州城市职业学院，将广州职工大学转制为广州工程技术职业学院。

（4）提出“改善办学机制，改革教学内容和方法”的要求，包括发挥行业专业性组织的作用，积极聘请相关的经济、工程技术、产业界人士组成校董会或其他形式的办学和专业决策咨询组织，共同研究专业设置、培养目标、教学内容、经费筹措等重要事项。

（5）提出“加强领导，积极保障职业教育的改革和发展”的要求，建立适应社会主义市场经济发展的职业技能鉴定机制，以及建立健全的职业教育服务体系。①

又如，2007 年 8 月，为推动新时期职业教育的改革与发展，广州市委、市政府颁发了《广州市职业技术教育发展总体规划（2006—2020年）》（穗府〔2007〕33 号，以下简称《规划》），对该市职业教育未来 15 年的改革与发展进行了全面的规划和部署。

（1）提出了职业教育改革发展的近期、中期和远期目标。要求到 2015 年，形成结构合理、机制灵活、产学结合、特色突出、自主发展、与中等职业教育相衔接的高等职业教育体系，教育质量和水平位于全国同类城市前列；到 2020 年，全面建成充分满足市民终身教育需要的总量适当、结构优化、布局合理、特色鲜明、专业门类齐全、国际合作程度高、办学质量和办学效益好、适应广州市经济社会发展需要的创新型现代职业技术教育体系，职业技术教育整体水平和综合实力居全国同类城市领先地位，达到世界发达国家和地区水平。

（2）提出优化布局结构。《规划》提出：根据经济社会发展和职业技术教育发展的需求，通过建设与城市功能配置、产业布局协调统一的职教聚集区，适度集中高等职业院校、技师学院和国家级示范性中等职业学校，集教育、培训、实训、技能鉴定和职业教育研究等功能于一体，促进

① 详见《广州市人民政府关于进一步改革和发展职业教育的决定》（穗府〔1999〕26 号）。

职业技术教育院校优势互补、资源共享、共同发展，努力打造全国职业技术教育的聚集区和示范区，使其成为全省乃至华南地区的职业技术教育基地。根据该《规划》，广州市拟投资 300 亿元，占地 20.2 平方公里，高标准、高起点建设以职业教育为主要功能的教育城。目前，教育城一期已经开工建设，一期入驻学校 13 所（3 所高职、10 所中职），1 个技能鉴定中心，规划一期学生规模 13.9 万人，其中预计 2016 年入驻 12.9 万人。

（3）明确办学定位。《规划》提出：市属高等职业院校要进一步明确发展定位和办学规模，优化资源配置，形成专业规模效应和品牌优势，确保达到国家高职高专院校人才培养工作水平评估合格要求，建立分工合理的市属高等职业教育体系。

（4）创新办学体制机制。《规划》提出：创新以公有制为主导、产权明晰、多种所有制并存的办学体制。公办职业院校经批准可以采取多种方式与企业和社会力量合作办学，积极利用社会资源吸纳民间资本，或与国外名校合作办学。对具备办学条件、办学水平较高、具有鲜明专业特色和发展潜力、能面向社会开展职业技术教育和培训的国有企业办职业技术教育机构，可探索通过吸收社会资金参股、实行股份合作制的方式进行改制，使之成为相对独立的办学实体。可见，混合所有制、股份制再次成为广州市职业教育改革发展的重要方向。① 事实上，据 2003 年的统计数据，广州市通过体制机制改革与创新，依托市属公办高校，与企业、政府部门或社会团体合作，探索多种所有制并存的办学体制，已发展了 11 所高等职业教育机构（含教学点），包括广州大学松田学院、广州大学纺织服装学院、广州大学城建技术学院、广州大学科技贸易技术学院、广州大学市政教学点、广州大学华软软件学院、广州医学院天河学院、广州医学院南大学院、广州医学院从化学院、广州医学院广州卫校分教点、广州番禺职业技术学院行知学院。这些高职教育机构体制非常灵活，或国有民营，或国有民助，或校企共建，或高校与社会团体共建……经过多年的发展，这些高职教育机构已成为广州市高职教育的重要组成部分。如广州城建职业学院，是在广州大学与企业联合举办的广州大学城建技术学院的基础上发展

① 详见《广州市职业技术教育发展总体规划（2006—2020 年）》（穗府〔2007〕33 号）。

起来的一所独立设置的民办高等职业院校，现有全日制在校生 15 000 多人；广州大学松田学院，是广州大学与增城市松田实业有限公司合作创建的一所独立学院，该院最初以专科层次的职业教育为主，当前以应用本科教育为主，现有在校生 8 700 多人；广州大学纺织服装学院，是广州大学与广州纺织工贸集团有限公司合作共建的二级学院，该院现已成为国内少数以纺织服装为特色的高等职业院校，现有在校生近万人；广州大学市政技术学院，是广州大学与广州市政集团合作共建的专科层次的二级学院，现有在校生7 000多人。

第二节　深化内涵建设，提高市属高职院校的办学质量

为全面提高市属高职院校教育教学质量，为广州市经济社会发展培养高素质的技术技能人才，促进高职教育的可持续发展，2008 年，广州市颁发了《广州市关于实施我市高等职业教育内涵建设工程的若干意见》（穗教高教〔2008〕6 号，以下简称《意见》）。根据该《意见》，广州市实施了九大高职教育内涵建设工程，包括：

（1）实施素质教育工程。针对高职学生特点，遴选 20 个素质教育建设项目，推进立德育人、加强思想政治工作，把社会主义核心价值体系、职业道德、法制、人文素质和心理健康教育融入高职人才培养全过程。

（2）实施专业建设工程。遴选并建设 30 个基础条件好、改革思路清晰、教学和人才培养模式先进、改革成效大、特色鲜明、办学水平和就业率高，尤其在校企合作、工学结合方面优势突出的市级示范性专业。

（3）实施教学改革工程。遴选并资助 50 个市级教改项目，支持教师和教学管理人员在专业建设、课程设置、教学内容、教学方法、实践教学和管理等方面开展教育教学改革研究与试验，推进以校企合作、工学结合为人才培养模式改革的切入点，争取行业企业参与，积极推行与生产劳动和社会实践相结合的学习模式和任务驱动、项目导向、工学交替、顶岗实习等教学模式，带动专业调整与建设，改革以学校和课堂为中心的传统教学模式，进一步明确培养目标，切实把培养学生动手能力、实践能力、创新精神和可持续发展能力放在突出地位。

（4）实施精品课程和优质教材建设工程。遴选并建设 30 门市级精品课程，20 种内容新颖、体系合理、特色突出的立体化教材，编写 50 种市级优秀教材，力争课程体系、教材建设、教学内容、方法和手段、效果有较大突破；遴选并建设 50 门网络课程，积极推进网络资源开发和共享平台建设，加强校、市数字化图书馆和网络辅助教学网站建设，实现图书资料

等教学文件以及参考资料等优质资源网上开放共享；积极与行业、企业合作开发课程，根据技术领域和职业岗位（群）任职要求、职业资格标准，建立突出职业能力培养的课程标准，规范课程教学基本要求，建设具有工学结合，融“教、学、做”于一体的精品课程，编写一批基于生产过程的高职专业课程优质教材。

（5）优化机制，实施教学团队建设工程。遴选并建设 10～15 个市级教学团队。

（6）强化措施，实施教育教学名师建设工程。遴选并培养 10～15 名市级教学名师。

（7）实施实训基地建设工程。遴选并建设 25 个高职教育示范性实训中心和校内外实训基地，保证大多数学生能在实习基地进行集中实习，拓宽学生校外实践渠道。

（8）创新体制，完善机制，激发高职院校办学活力。促进人才培养模式创新，推行学分制，实行多种学制并举的教学管理体制；进一步推进“双证书”制度。

（9）深入研究，加强探索，提升教学研究与实践水平。遴选和培育 30 个市级重点教改项目、30 个优秀教学成果。①

为贯彻落实《广州市职业技术教育发展总体规划（2006—2020 年）》（穗府〔2007〕33 号）和《广州市关于实施我市高等职业教育内涵建设工程的若干意见》（穗教高教〔2008〕6 号）等文件要求，广州市积极推动市属高职院校内涵建设，包括示范性专业建设、精品课程建设、优秀教学团队建设、教学名师遴选、示范性实训基地建设等。如截至 2014 年上半年，广州市开展了四批次市属高校高职高专示范性（建设）专业遴选工作，共评选出 82 个示范性（建设）专业，其中，有 14 个专业已建成国家级重点专业（包括国家示范性高职院校重点建设专业、国家骨干院校重点建设专业、中央财政支持提升专业服务产业发展能力重点建设专业），有 22 个专业建成省级重点专业（包括省级示范性院校重点建设专业、省级示

① 详见《广州市关于实施我市高等职业教育内涵建设工程的若干意见》（穗教高教〔2008〕6 号）。

范性专业、省级重点建设专业和省级重点建设培育专业）；开展了四批次市属高校高职高专市级精品课程遴选工作，共评选出123门市级精品课程，其中高职院校62门，在市级精品课程的基础上，有4门课程建成国家级精品课程或国家级精品资源共享课程，有20门课程建成省级精品课程或省级精品资源共享课程；开展了三批次市属高职院校市级优秀教学团队遴选工作，共遴选出38个市级优秀教学团队，其中，高职院校20个，并有两个教学团队成长为国家级优秀教学团队；开展了两批次的市属高职院校市级教学名师遴选工作，共遴选出28名市属高校教学名师，其中高职院校14名，有两名教师已成长为省级教学名师；[①] 开展了两批次示范性实训基地（中心）遴选建设工作，共遴选出40个高校高职高专示范性实训基地（中心）并给予重点投入、重点建设，有部分实训基地建成国家、省级示范性实训基地。

另外，根据高职教育发展的形势要求，结合国家和广东省的有关文件精神，广州市不断调整市属高职院校内涵建设的方向和重点。如从2012年开始，广州市将示范性专业建设调整为重点专业建设，当年启动了首批重点专业建设评选工作，共遴选出10个专业给予重点建设；2013年，为推动高职院校校企协同育人机制建设，广州市启动了特色专业学院建设，首批共遴选出五个特色鲜明、与行业企业合作紧密、符合广州产业发展要求的专业特色学院。

表2-1　广州市属高校高职高专市级示范性（建设）专业统计表

批次	示范性专业（个）	示范性建设专业（个）	小计
一（2006年）	14	5	19
二（2009年）	3	20	23
三（2010年）	—	20	20
四（2011年）	—	20	20
合计	17	65	82

数据来源：根据广州市教育局网站公布的相关文件整理。

① 以上关于国家和省级成果的数据仅统计了独立设置的广州市属高职院校。

表 2－2　广州市属高校高职高专市级精品课程统计表

批次	评选的精品课程总数（门）	来自高职院校的精品课程数(门）
一（2006 年）	30	10
二（2009 年）	33	17
三（2010 年）	30	16
四（2011 年）	30	19
合计	123	62

数据来源：根据广州市教育局网站公布的相关文件整理。

表 2－3　广州市属高职院校市级优秀教学团队统计表

批次	教学团队总数（个）	来自高职院校的团队数（个）
一（2010 年）	10	4
二（2012 年）	16	9
三（2014 年）	12	7
合计	38	20

数据来源：根据广州市教育局网站公布的相关文件整理。

表 2－4　广州市属高职院校市级教学名师统计表

批次	教学名师总数（名）	来自高职院校的名师数（名）
一（2010 年）	10	3
二（2014 年）	18	11
合计	28	14

数据来源：根据广州市教育局网站公布的相关文件整理。

表 2－5　广州市属高校高职高专市级示范性实训基地（中心）统计表

批次	示范性实训基地（个）	示范性实训中心（个）	小计
一（2008 年）	22	3	25
二（2011 年）	15	—	15
合计	37	3	40

数据来源：根据广州市教育局网站公布的相关文件整理。

表2－6　广州市属高校高职高专市级示范性（建设）专业名单

序号	批次	专业名称	学校名称	备注
1	一	计算机应用技术	广州城市职业学院	省级示范性专业
2	一	城市轨道交通车辆	广州铁路职业技术学院	国家骨干院校重点建设专业
3	一	计算机网络技术	广州大学华软软件学院	
4	一	汽车检测与维修技术	广州科技贸易职业学院	
5	一	会计学	广州市广播电视大学	
6	一	艺术设计（风景园林设计）	广州大学市政技术学院	
7	一	建筑装饰工程技术	广州大学城建学院	
8	一	纺织品检验与贸易	广州大学纺织服装学院	
9	一	装潢艺术设计	广州大学纺织服装学院	
10	一	护理学	广州医学院护理学院	
11	一	医学影像学	广州医学院护理学院	
12	一	临床医学	广州医学院从化学院	
13	一	珠宝首饰工艺及鉴定	广州番禺职业技术学院	国家示范性高职院校重点建设专业、省级示范性专业
14	一	模具设计与制造	广州番禺职业技术学院	省级示范性专业
15	一	计算机网络技术	广州番禺职业技术学院	国家示范性高职院校重点建设专业、省级示范性专业
16	一	会计电算化	广州番禺职业技术学院	省级示范性专业
17	一	商务英语	广州番禺职业技术学院	省级示范性专业
18	一	酒店管理	广州番禺职业技术学院	国家示范性高职院校重点建设专业、省级示范性专业
19	一	物业管理	广州市广播电视大学	
20	二	计算机应用技术	广州城市职业学院	省级示范性专业

（续上表）

序号	批次	专业名称	学校名称	备注
21	二	城市轨道交通车辆	广州铁路职业技术学院	国家骨干院校重点建设专业
22	二	会计学	广州市广播电视大学	
23	二	工商企业管理	广州番禺职业技术学院	广东省高等职业教育重点专业
24	二	软件技术	广州番禺职业技术学院	广东省高等职业教育重点专业
25	二	环境艺术设计	广州番禺职业技术学院	
26	二	数控技术	广州番禺职业技术学院	
27	二	旅游管理	广州番禺职业技术学院	
28	二	国际商务	广州番禺职业技术学院	
29	二	建筑工程技术	广州番禺职业技术学院	
30	二	会计	广州城市职业学院	
31	二	旅游管理	广州城市职业学院	广东省高等职业教育重点培育专业
32	二	软件技术	广州城市职业学院	
33	二	计算机应用技术	广州铁路职业技术学院	广东省高等职业教育重点专业
34	二	应用电子技术	广州铁路职业技术学院	中央财政支持提升专业服务产业发展能力重点建设专业
35	二	城市轨道交通运营管理	广州铁路职业技术学院	国家骨干院校重点建设专业
36	二	广告设计与制作	广州市广播电视大学	
37	二	石油化工生产技术	广州工程技术职业学院	广东省高等职业教育重点培育专业
38	二	运动训练	广州体育职业技术学院	广东省高等职业教育重点建设专业

（续上表）

序号	批次	专业名称	学校名称	备注
39	二	服装设计	广州科技贸易职业学院	
40	二	药学	广州医学院护理学院	
41	二	口腔医学	广州医学院护理学院	
42	二	道路桥梁工程技术	广州大学市政技术学院	
43	三	市场营销	广州番禺职业技术学院	
44	三	国际金融	广州番禺职业技术学院	广东省高等职业教育重点专业
45	三	人力资源管理	广州番禺职业技术学院	
46	三	产品造型设计	广州番禺职业技术学院	
47	三	房地产经营与估价	广州番禺职业技术学院	
48	三	园艺技术	广州城市职业学院	
49	三	食品营养与检测	广州城市职业学院	广东省高等职业教育重点建设专业
50	三	市场营销	广州城市职业学院	中央财政支持提升专业服务产业发展能力重点建设专业
51	三	数控技术	广州铁路职业技术学院	国家骨干院校重点建设专业
52	三	电气化铁道技术	广州铁路职业技术学院	国家骨干院校重点建设专业
53	三	铁道机车车辆	广州铁路职业技术学院	广东省高等职业教育重点专业
54	三	电气自动化技术	广州铁路职业技术学院	
55	三	文秘	广州铁路职业技术学院	
56	三	商务英语	广州市广播电视大学	
57	三	工商管理	广州市广播电视大学	
58	三	应用化工技术	广州工程技术职业学院	
59	三	物流管理	广州科技贸易职业学院	

（续上表）

序号	批次	专业名称	学校名称	备注
60	三	社会体育	广州体育职业技术学院	广东省高等职业教育重点建设专业
61	三	医学检验技术	广州医学院护理学院	
62	三	给排水工程技术	广州大学市政技术学院	
63	四	皮具设计	广州番禺职业技术学院	中央财政支持提升专业服务产业发展能力重点建设专业
64	四	嵌入式技术与应用	广州番禺职业技术学院	中央财政支持提升专业服务产业发展能力重点建设专业
65	四	珠宝鉴定与营销	广州番禺职业技术学院	国家示范性高职院校重点建设专业
66	四	电子商务	广州番禺职业技术学院	
67	四	文秘	广州番禺职业技术学院	
68	四	汽车检测与维修技术	广州城市职业学院	
69	四	国际贸易实务	广州城市职业学院	
70	四	财务管理	广州城市职业学院	
71	四	文秘	广州城市职业学院	
72	四	机械制造与自动化	广州铁路职业技术学院	广东省高等职业教育重点专业
73	四	汽车检测与维修技术	广州铁路职业技术学院	
74	四	涉外旅游	广州铁路职业技术学院	广东省高等职业教育重点专业
75	四	计算机网络技术（楼宇智能化工程）	广州市广播电视大学	
76	四	工程造价	广州大学市政技术学院	
77	四	艺术设计（室内环境设计）	广州大学市政技术学院	

（续上表）

序号	批次	专业名称	学校名称	备注
78	四	护理	广州医学院从化学院	
79	四	体育服务与管理	广州体育职业技术学院	中央财政支持提升专业服务产业发展能力重点建设专业、广东省高等职业教育重点建设专业
80	四	数控技术	广州工程技术职业学院	
81	四	商务英语	广州工程技术职业学院	
82	四	国际经济与贸易	广州科技贸易职业学院	广东省高等职业教育重点建设专业

数据来源：根据广州市教育局网站公布的相关文件整理。

表 2-7　广州市属高校高职高专市级精品课程名单

序号	课程名称	批次	学校	备注
1	玩具机构分析与应用	一	广州番禺职业技术学院	省级精品课程
2	电脑效果图	一	广州番禺职业技术学院	省级精品课程
3	数控机床	一	广州番禺职业技术学院	
4	餐饮服务与管理	一	广州番禺职业技术学院	国家级精品课程
5	商业银行会计	一	广州番禺职业技术学院	省级精品课程
6	市场营销	一	广州大学科技贸易学院	
7	室内陈设艺术设计	一	广州大学市政技术学院	
8	网络基础	一	广州大学华软软件学院	
9	护理学基础	一	广州医学院护理学院	
10	写作	一	广州城市职业学院	省级精品课程
11	会计	二	广州番禺职业技术学院	省级精品课程
12	职业规划与成功素质训练	二	广州番禺职业技术学院	国家级精品资源共享课程、省级精品视频公开课程、省级精品课程

（续上表）

序号	课程名称	批次	学校	备注
13	导游业务	二	广州番禺职业技术学院	
14	珠宝玉石鉴定	二	广州番禺职业技术学院	省级精品课程
15	室内设计策划	二	广州番禺职业技术学院	国家级精品资源共享课程、省级精品课程
16	CAD/CAM 技术应用	二	广州番禺职业技术学院	
17	进出口业务函电	二	广州番禺职业技术学院	
18	思想道德修养与法律基础	二	广州番禺职业技术学院	
19	花卉栽培技术	二	广州城市职业学院	
20	商务英语	二	广州城市职业学院	
21	管理信息系统	二	广州城市职业学院	省级精品课程
22	轨道交通车辆电气故障分析与处理	二	广州铁路职业技术学院	省级精品课程
23	数控机床装配与检测	二	广州铁路职业技术学院	国家级、省级精品课程
24	变配电所运行与维护	二	广州铁路职业技术学院	省级精品课程
25	路由器与交换型网络互联技术	二	广州铁路职业技术学院	省级精品课程
26	思想道德修养与法律基础	二	广州体育职业技术学院	
27	管理学基础	二	广州科技贸易职业学院	
28	推销实务	三	广州番禺职业技术学院	
29	计算机组网技术与工程	三	广州番禺职业技术学院	
30	建筑工程计量与计价	三	广州番禺职业技术学院	
31	商业银行综合柜台业务	三	广州番禺职业技术学院	

（续上表）

序号	课程名称	批次	学校	备注
32	商务秘书实务	三	广州番禺职业技术学院	
33	国际贸易实务（双语）	三	广州番禺职业技术学院	
34	电子商务基础与实训	三	广州城市职业学院	
35	国际贸易综合模拟实操	三	广州城市职业学院	
36	嵌入式系统程序设计基础（C语言）	三	广州城市职业学院	
37	前厅客房服务与管理	三	广州铁路职业技术学院	
38	工程材料及其成型	三	广州铁路职业技术学院	
39	轨道交通运输设备运用	三	广州铁路职业技术学院	省级精品资源共享课程
40	电控发动机维护与检修	三	广州铁路职业技术学院	
41	数控加工实训	三	广州铁路职业技术学院	
42	运动康复推拿	三	广州体育职业技术学院	
43	大学生职业发展与就业指导	三	广州工程技术职业学院	
44	市场营销	四	广州番禺职业技术学院	
45	中国旅游资源赏析与线路设计	四	广州番禺职业技术学院	省级精品资源共享课程
46	ERP沙盘模拟实训	四	广州番禺职业技术学院	省级精品资源共享课程
47	进出口业务谈判	四	广州番禺职业技术学院	
48	国际结算	四	广州番禺职业技术学院	省级精品资源共享课程
49	教学企业项目（客户理财）	四	广州番禺职业技术学院	省级精品资源共享课程
50	网络安全	四	广州番禺职业技术学院	

（续上表）

序号	课程名称	批次	学校	备注
51	会计电算化	四	广州城市职业学院	
52	市场营销	四	广州城市职业学院	省级精品课程
53	国学精粹	四	广州城市职业学院	
54	轨道交通客运组织	四	广州铁路职业技术学院	
55	城市轨道交通信号控制	四	广州铁路职业技术学院	
56	文书工作与档案管理	四	广州铁路职业技术学院	
57	机械零件精度设计与产品检测	四	广州铁路职业技术学院	
58	电路分析与测试	四	广州铁路职业技术学院	
59	毛泽东思想和中国特色社会主义理论	四	广州铁路职业技术学院	
60	计算机应用基础	四	广州铁路职业技术学院	
61	商务英语函电	四	广州铁路职业技术学院	
62	采购与供应谈判综合实训	四	广州科技贸易职业学院	省级精品资源共享课程

数据来源：根据广州市教育局网站公布的相关文件整理。

表 2－8　广州市属高职院校市级优秀教学团队名单

序号	教学团队名称	学校	批次	备注
1	装潢艺术设计专业教学团队	广州番禺职业技术学院	一	国家级
2	珠宝首饰工艺及鉴定专业教学团队	广州番禺职业技术学院	一	
3	数控技术专业核心课程教学团队	广州铁路职业技术学院	一	
4	市场营销专业教学团队	广州城市职业学院	一	
5	金融管理与实务专业教学团队	广州番禺职业技术学院	二	
6	计算机网络技术专业教学团队	广州番禺职业技术学院	二	
7	电气化铁道技术专业教学团队	广州铁路职业技术学院	二	
8	轨道交通运营管理专业教学团队	广州铁路职业技术学院	二	
9	计算机应用技术专业教学团队	广州城市职业学院	二	
10	旅游管理专业教学团队	广州城市职业学院	二	
11	运动训练专业教学团队	广州体育职业技术学院	二	
12	物流管理专业教学团队	广州科技贸易职业学院	二	
13	计算机网络技术专业教学团队	广州科技贸易职业学院	二	
14	护理专业教学团队	广州医科大学卫生职业技术学院	三	
15	食品营养与检测专业教学团队	广州城市职业学院	三	
16	机械制造与自动化专业教学团队	广州铁路职业技术学院	三	
17	轨道交通车辆专业教学团队	广州铁路职业技术学院	三	
18	动漫设计与制作专业教学团队	广州科技贸易职业学院	三	
19	应用化工技术专业教学团队	广州工程技术职业学院	三	
20	玩具设计与制造专业教学团队	广州番禺职业技术学院	三	国家级

数据来源：根据广州市教育局网站公布的相关文件整理。

表 2－9　广州市高职院校市级教学名师奖评选指标体系（高职高专部分）

评选项目		分值	评选内容
教师风范与教学经历		10	政治立场坚定，师德高尚；事业心强，富有创新协作精神；治学严谨，教风端正，诚信育人，为人师表。具有五年以上高职高专教学经历
企业经历与行业影响力		15	具有相关企业相应技术工种三年以上的专职工作经历，且近三年仍能在相关企业参加技术服务或技术研发并作出实际成果，在行业企业的技术领域具有一定影响力
教学能力	教学思想与教学理念	15	积极研究高等职业教育教学特点与规律，将工作过程导向的教学理念融入专业发展规划和课程改革的设计之中；及时跟踪产业发展趋势和行业动态，分析职业岗位（群）任职要求和更新变化，并及时纳入教学内容；积极开展理论与实践教学改革，坚持教、学、做相结合，强化学生实践能力培养；注重学生职业素质养成和可持续发展能力培养
	教学艺术与效果	15	注重分析学生群体特点，坚持因材施教；教学设计重视学生在校学习与实践工作的一致性，积极开展行动导向教学模式的探索；教学方法灵活，能够激发学生的学习兴趣，提高学生的自主学习能力，促进学生积极思维和开发学生的潜在能力；恰当运用现代教育技术，建立具有虚拟现实效果和仿真实训效果的教学环境，促进教学活动的开展
	教学资源建设	10	与行业企业合作，积极进行教学条件特别是实训实习条件的建设，注重对传统教学仪器设备的改造和二次开发，开展生产性实训项目的设计与实施，统筹规划专业顶岗实习安排，落实相应教学与管理，编写先进、适用的高职特色教材；积极开展教学标准、课程体系、教学内容、课件、案例、实训实习项目、教学指导、习题题库、学习评价等教学资源的建设及数字化
	教学组织与管理	10	能够根据高职教育特点，积极探索校企合作、产学结合的教学组织形式；在工学结合、生产性实训、顶岗实习等方面有创新举措；积极进行以实践能力考核为主的评价方法改革，切实提高学生的职业能力和就业竞争力

（续上表）

评选项目	分值	评选内容
技术服务能力	15	面向行业企业实际需求，主动承担与专业相关的技术服务项目，取得良好的实际效果，并对行业高技能人才培养起到促进作用。主持或承担有来自相应行业企业的横向课题或获得具有产业价值的技术专利
教学团队建设	10	重视教学队伍“双师”结构建设，能够有效吸引行业企业一线技术骨干积极参与专业技能人才培养；指导专业教师及时跟进一线用人部门对本专业技术领域高技能人才的能力需求，切实履行制度要求，帮助落实专业教师定期到相应企业进行生产实践；不断提高青年教师教学育人水平，重视师德教风建设，促进教师职业素质养成，带动形成良好的“传、帮、带”团队文化

资料来源：根据广州市教育局网站公布的相关文件整理。

第三节　创新管理制度，促进高职教育健康持续发展

新制度经济学家认为，制度是经济发展的重要因素，有效的制度能促进经济发展，而低效或无效的制度则会阻滞经济发展。制度与土地、信息、人力资本一样，均具有稀缺性。“我们无论如何强化制度创新的进程，相对于人类对制度的需求而言，制度供给总是相对不足。”[①] 对于高职教育而言，也是如此。好的制度能有效促进高职教育的发展，有效激发学校的办学活力和创造性，无效或低效的制度则会阻滞高职教育的发展。因此，广州市非常注重制度创新，并在制度供给上做文章，力求通过制度创新促进广州市高职教育的健康、持续发展。自2010年以来，广州市以国家教育体制改革项目“开展地方政府促进高职教育发展综合改革试点”为契机，以高职教育体制机制改革创新为重点，推进高职教育发展综合改革试点的工作，包括探索建立高职教育办学新体制，探索校企深度合作、产教一体的人才培养新模式，构建职业教育新体系，拓宽服务社会新路子。具体而言，为深化高职教育体制机制改革创新，广州市针对体制机制改革创新的重点领域，设立了若干个体制改革攻关项目，组建跨院校的联合团队进行攻关。如2012至2014年，广州市先后设立了三批次共51项攻关课题，孵化、培育出一大批体制机制改革创新的成果。

一、创新校企合作制度

通过深入研究和调研，广州市人民政府办公厅出台了《广州市人民政府办公厅关于促进我市职业教育校企合作工作的意见》（穗府办〔2013〕2号，以下简称《意见》），为职业院校校企合作的深入开展提供政策支持。根据该《意见》，广州市为该市职业院校开展校企合作提供资金和政策保

① 卢现祥．西方新制度经济学（修订版）［M］．北京：中国发展出版社，2003. 48 ~ 49.

障，并对校企合作工作进行考核激励。[①]

在经费方面，《意见》要求：市教育、人力资源和社会保障部门根据校企合作项目每年的开展情况，申请有关项目资金支持或视财力列入部门预算。政府各相关部门应在当年度财政预算中按生均比例安排资金，并多渠道筹措经费，保证用于支持校企合作发展的资金随着经济社会的发展同步增长。

在政策方面，《意见》要求：

（1）人力资源和社会保障部门要制定和完善职业教育专业领军人才引进的激励政策，建立企业引进人员职称互认制度，落实企业人员调入职业类院校直接享受职业类院校相对应的待遇政策。加快制定和出台建立实习实训安全责任分担政策及实施办法、学生顶岗实习工伤保险补贴制度及实施办法等系列政策。

（2）校企合作所形成的技术成果、专利、发明等知识产权及产品的收益均为投资者共有，也可通过协商确定其归属，成果主要完成人可按有关法规享有相应权益。

（3）明确企业职工培训经费，企业应建立职工培训和继续教育制度，确保按规定提取职工培训经费并合理使用。对于企业和职业类院校合作开展的“订单式”技能人才培养，由企业承担的支出可从企业职工教育经费中列支。企业应在职位晋升、工资福利待遇等方面切实保障学校培训的职工的权益。

（4）校企共办非营利性教学实训基地用地可列入教育用地范围，允许使用教育经费与企业共建资产权属明晰的企业实训基地，制定相应的管理制度与操作办法。对校企合作建设实训（生产）基地的教学管理、设备与物资管理、生产管理、现场管理、人员管理等提出具体要求，使职业教育高技能人才培养的每个环节均与企业、职业要素“全面渗透”，全面提升实训基地的功能，推进实践教学改革。

（5）落实相关税费优惠政策，企业用于校企合作的设备按税法规定计

① 详见《广州市人民政府办公厅关于促进我市职业教育校企合作工作的意见》（穗府办〔2013〕2号）。

提折旧，企业给予实践教师和顶岗实习的学生的劳动报酬或津贴按照税法规定予以税前扣除。企业通过具有公益性捐赠税前扣除资格的社会团体、群众团体或者县级以上人民政府及其部门，个人通过具有公益性捐赠税前扣除资格的社会团体、群众团体或者县级以上人民政府及其部门，向职业类院校捐赠的支出，可按相关税收政策规定的比例在缴纳企业所得税、个人所得税时进行税前扣除。对企业共同合作、研究、开发的项目，符合税收政策规定条件的，由合作各方就自身承担的研发费用分别按照规定在计算企业所得税应纳税所得额时加以扣除；对企业委托职业类院校进行研究开发活动的研发费用，符合税法规定条件的，由委托方按照规定在计算企业所得税应税所得额时加以扣除。

在考核激励方面，《意见》提出：市有关职能部门及其委托的行业组织，对职业教育校企合作项目及其实施情况进行检查、评估，检查、评估结果作为政府专项资金资助或奖励的依据；对校企合作中有突出贡献的职业类院校、企业、个人，按规定进行评选表彰；对职业类院校参与企业技术改造、产品研发、科技攻关和促进科技成果转化给予资助或奖励；对校企合作培养高技能人才成绩突出的职业类院校，将优先推荐申报各级实训基地建设和基础设施建设项目，优先推荐参评各级教育部门的荣誉集体、人力资源和社会保障部门的“高技能人才实训基地”。

二、探索市属高职院校投入新机制

广州市以广州番禺职业技术学院为试点单位，探索“生均综合定额＋专项补助”的预算管理新机制，高职生均经费基本达到该市市属本科水平。在新的拨款模式下，将高职院校财政拨款分成“生均综合定额”和“专项补助”两部分。所谓“生均综合定额”是基于“定员定额”的管理理念的，即高职院校正常经费是通过政策参数（即在校生实有人数）乘以生均综合定额标准得出。“专项补助”作为对“生均综合定额”的补充，是财政部门和教育主管部门考虑学校的特殊需要，根据国家的政策导向单独核定并安排给高校使用的专项经费。在这种拨款模式中，在校学生数量是拨款的基本依据，生均成本并不是实际教育成本，而是往年的决算数加上物价上涨因素的资金增幅。“生均综合定额＋专项补助”拨款模式经费确定的主要参数是在校生数，操作方法简单，而且提高了高校经费拨款的透明度，明确和细化了拨款的具体依据，有利于克服原来的“基数 + 增长”分配模式的随意性。此外，专项补助项目的设立使高职院校拨款与政府的高职教育政策目标更紧密地结合起来。①

三、探索市属高职院校自主招生制度改革

高职院校自主招生是在经济社会转型、高等教育管理体制改革、高等教育大众化进程中，应技术技能人才培养和选才标准多样化的要求而产生的。2003 年，黑龙江省首次在省属高职院校尝试自主招生；2004 年，江西省 25 所高职院校被允许进行自主招生试点改革；2005 年，上海选取了上海杉达学院、上海建桥职业技术学院和上海新侨职业技术学院三所民办高职院校进行自主招生试点；2006 年，教育部选择北京、上海、天津进行高职自主招生改革试点；从 2007 年开始，自主招生改革的范围逐步扩大，并成为高职院校重要的招生方式，各省、市、自治区结合本地区特点，进行了形式各异的自主招生改革。② 就广东省而言，高职院校主要有三种自主招生方式：一是“三二分段”高职对口中职自主招生；二是高职面向中职自主招生；三是高职面向普通高中自主招生。

虽然自主招生对扩大高职院校办学自主权，增加招考双方的选择性、适应性，扩大招生形式，增加选才标准多样性，促进中高职衔接等均发挥了重要作用，但在实践中也暴露出一些问题。如招生标准不科学，难以真正招到学校满意的生源；招生考试组织成本较高，高职院校积极性不高；各校招生考试形式各异，考生为了保险起见，往往会同时报考多所学校，由此增加了考试成本；高职院校为了生源，难免会恶性竞争等。

针对高职自主招生中存在的问题，为更好推进高职教育自主招生改革、避免生源恶性竞争、节约招生成本、提高招生考试标准化水平，广州市在国家和广东省自主招生制度框架下，正在积极探索建立广州市属高职院校自主招生联盟。即以市属高职院校为主体，联合在广州地区的其他高

---

① 黄淑霞．高校生均综合定额拨款模式探讨［J］．财会通讯，2010（17）：58～59.

② 樊本富．高职自主招生：敢问路在何方［J］．教育与职业，2009（4）：44～47.

职院校成立自主招生联盟，联盟院校共同制定招生考试标准、统一命题、统一招生时间、统一组织考试。学生根据考试成绩不仅可以自主选择任何一所联盟学校就读，而且因为联盟学校的入学标准和要求一样，从而为在联盟院校间转学提供了可能。[①]

四、探索市属高职院校学分互认制度

为更好地推进终身教育体系建设、打破时空界限、实现优质教育资源共享，广州市正在积极探索市属高职院校学分互认制度。包括：①建立市属高职院校课程互选、学分互认工作机制。在广州市属高职院校校长联席会议下，由各校主管教学工作的校领导和教务管理部门等负责人组成教学工作协调小组。协调小组在市教育局的指导下开展工作，主要负责课程互选、学分互认和其他有关教学工作协作事宜。②建立课程互选、学生互认的教学管理平台。③学分互认形式主要包括课程互选和交换生计划两种。目前，已经起草了《广州市属高职院校学分互认实施管理办法》，下一步将在部分市属高职院校之间进行试点。待广州教育城建成并投入使用后，将逐步实施中职、高职、应用本科三级教育之间、院校之间学分互认。[②]

五、探索市属高职院校教师专业发展制度

为突出高职教师职业的专业特点、更好地适应高职人才培养要求，在国家有关法律法规的框架下，广州市积极探索市属高职教师的专业发展制度，包括市属高职院校教师准入制度，制定市属高职院校教师准入标准；高职院校教师下企业制度，提高在职教师的实践能力；“双师型”教师、“双师”结构教师队伍建设制度；优秀教学团队和教学名师培养制度等。通过一系列旨在促进高职院校教师专业发展的制度建设，全面提升广州市高职教师队伍的整体水平，为保证和提高高职院校人才培养质量提供了必要条件。

---

① 郑彩云等．高职院校自主招生制度的研究与实践［R］．广州市高等学校第四批教育教学改革体改项目结题报告，2013.

② 钟碧菲等．建立市属高职院校学分互认制度及实施细则［R］．广州市高等学校第四批教育教学改革体改项目结题报告，2013.

第三章　多主体办学，激发办学活力

为优化教育资源配置、提高教育资源利用率、缓解教育经费不足的矛盾，广州市积极进行高职教育办学体制改革，鼓励多主体办学，发挥各办学主体的积极性，激发办学活力，同时，在院校之间形成一种良性竞争。政府既在高职教育发展中起主导作用，保证高职教育的公益性，同时又通过经费分配杠杆，引入市场竞争机制，促进高职院校主动面向市场、面向广州市的经济社会发展需求，实现其快速健康发展。

广州市属六所高职院校在宏观管理体制上各具特色，办学主体各异，走差异化发展之路，形成了各具特色的办学模式。其中，广州番禺职业技术学院实行“市区共建，以市为主”的管理体制，学院的发展得到广州市政府和番禺区政府的双重支持，不仅能更好地保障学院的办学经费，而且尊重了学校的办学历史，[①] 保障学校更好地融入所在地（番禺）的经济社会发展中，为区域经济社会发展服务。广州铁路职业技术学院原来是由广州铁路（集团）公司主办，后调整为由广州市政府主办，但同时保留与广州铁路（集团）公司的业务联系，由广州市政府和广州铁路（集团）公司共建。学院迅速由一所普通高职院校发展成国家骨干高职院校。广州城市职业学院充分发挥在成人教育方面的传统优势，将高职教育与社区教育有机融合，取得了显著成效，成为建设学习型社区、学习型广州的巨大推动力。广州体育职业技术学院是竞技体育人才的摇篮，先后培养了 7 名奥运冠军、21 名世界冠军，该院由广州市体育局主办，实行“校队合一”的管理体制。这样既保证了拔尖体育人才的培养，又能适应体育产业对高素质技术技能人才的需求。广州工程技术职业学院和广州科技贸易职业学院分别由广州市总工会和广州市科学技术协会主办，属于社会团体办学，两校

① 学校由原番禺市创办。

能充分发挥各自的体制优势，探索特色化发展之路。六所学校办学体制各异，办学历史不同。广州番禺职业技术学院属于新建高职院校，广州铁路职业技术学院、广州体育职业技术学院属于中专升格学校，广州城市职业学院、广州工程技术职业学院属于成人高校转制，广州科技贸易职业学院属于大学独立二级学院转制。

第一节　广州番禺职业技术学院——市区共建模式①

广州番禺职业技术学院是1997年经广东省人民政府批准、国家教育部备案的全国首批、广州市属第一所公办全日制普通高等职业院校，是教育部、财政部确立的首批28所国家示范性高等职业院校之一，是全国职业教育工作先进单位、黄炎培优秀职业学校获奖单位。

为了满足番禺人民接受高等教育的强烈需求、满足番禺经济社会发展对高技能人才的迫切需要、继承和发扬番禺悠久的历史文化，1993年3月2日，原番禺市第八次党代会和第十二届人民代表大会决定创建番禺理工学院；1993年9月1日广州市人民政府上报省政府（穗府函〔1993〕154号），同意筹建番禺理工学院；同年9月27日，广东省高教厅下发粤高教规〔1993〕149号文，同意筹建番禺理工学院；9月29日广东省人民政府下发《关于同意筹建番禺理工学院的复函》（粤办函〔1993〕532号），正式批准筹建番禺理工学院。筹建阶段学校挂靠广州大学招生。建校初期借用番禺中学校舍办学，1995年学校迁入现在的校区——青山湖校区。1997年9月原国家教委办公厅发文（教计厅〔1997〕28号），正式批准成立番禺理工学院，并更名为番禺职业技术学院。

在2000年番禺撤市设区之前，学院由番禺市举办，办学经费由番禺市统筹解决，但学院干部由广州市管理，业务上接受广东省教育厅领导。番禺撤市设区后，学院的管理体制也逐步发生变化。2006年5月，广州市

① 参见广州番禺职业技术学院网站（http：//www. gzpyp. edu. cn/）中的学校简介等材料。

委、市政府正式实施《广州市与番禺区共建番禺职业技术学院的方案》，标志着学院的办学体制正式由番禺区举办转变为“市区共建，以区为主”。2008 年 7 月，为顺应学院管理体制的变化，经教育部批准，学院由番禺职业技术学院更名为“广州番禺职业技术学院”。2008 年 10 月，由番禺区政府、广州市教育局牵头，联合广州市多个部门提交的方案获得市政府正式批准，学院的办学体制由“市区共建，以区为主”调整为“市区共建，以市为主，行政隶属市政府，人、财、物划给市归口管理部门管理，业务仍接受省教育厅领导和指导”。自此，广州番禺职业技术学院实行“市区共建，以市为主”的管理体制。

20 年来，学院在体制机制方面进行了诸多富有成效的改革探索，如在校企合作方面，与企业、行业协会联合成立二级学院，探索建立校企“合作办学、合作育人、合作就业、合作发展”的新机制；加强中职、应用本科的衔接，探索建立技术技能人才培养新体系；以工学结合为切入点，以校企合作为机制保障，探索专业人才培养模式改革；探索构建基于大市场观念、体现多元利益主体诉求的人才培养质量保障机制等。

通过体制机制创新，释放了办学活力，实现了跨越式发展，学院各项主要办学指标均名列全国同类院校前列。截至 2014 年，学院共有 6 个国家示范性高职院校重点建设专业、9 个省级示范性专业和 6 个市级示范性专业；15 门国家级精品课程、25 门省级精品课程和 40 门市级精品课程；14 门国家级精品资源共享课程、2 门省级精品资源共享课程和 2 门省级精品视频公开课程；2 个国家级校内实训基地、3 个省级校内实训基地和 2 个省级校外实训基地；国家级教学团队 2 个，享受国务院政府特殊津贴专家 3 人、“国家高层次人才特殊支持计划”教学名师 1 人、国家级高校教学名师 2 人、广东省高校教学名师 7 人、广州市高校教学名师 6 人；自 2003 年以来，共有 57 项（次）教学成果获得国家、省、市教学成果奖，其中，国家级教学成果二等奖 7 项，广东省教学成果一等奖 9 项、二等奖 13 项，广州市教学成果特等奖 4 项、一等奖 12 项；自 2001 年广东省教育厅首次公布高校毕业生就业率以来，学院毕业生就业率一直稳居全省高校前列，2004 年、2005 年和 2008 年位居全省所有本专科院校第一位，培养出全国劳动模范黄德智等一大批优秀毕业生；学院招生录取分数连续多年高出本省二本 B 线。

第二节　广州铁路职业技术学院——政校行企共建模式[①]

广州铁路职业技术学院是2000年经广东省人民政府批准，国家教育部备案的广东省唯一一所培养轨道交通、铁路等特有专业人才的公办全日制普通高职院校，是由教育部、财政部确定的“国家示范性高等职业院校建设计划”骨干高职院校立项建设单位，是华南地区轨道交通运输行业高素质技能型人才培养培训基地。

广州铁路职业技术学院由原广州铁路运输职工大学、原广州铁路机械学校、原广州铁路成人中等专业学校合并、升格而成，原由广州铁路（集团）公司举办，属于国有企业办学。2005年8月由广州铁路（集团）公司正式移交广州市政府管理。2013年12月，广州市政府与广州铁路（集团）公司签署协议共建“广州铁路职业技术学院”，明确各共建单位的责权利；成立理事会，并根据工作需要定期组织会议解决发展过程中存在的问题，形成以政府为主导、学校为主体、行业企业参与的办学格局，实现了政校行企四方联手合作办学。

政校行企共建模式，有效地调动了多方办学主体的积极性，突破了校企合作的瓶颈问题，解决了高职院校人才培养缺“能工巧匠”、学生实习缺现场顶岗历练、职业教育缺吸引力等具体问题。学校依托行业优势，不断深化校企合作。近几年，通过成立1个职教集团、实现2个共建、成立3个合作学院，实施“123”校企合作发展战略，全面深化体制机制改革。通过组建职教集团，市、区、校共建花都工学结合示范园，校企合作建成3个合作学院，形成了紧密型校企合作办学体制机制；以城市轨道交通车辆、电气化铁道技术、城市轨道交通运营管理、数控技术4个专业为重点建成4大特色专业群，建成6个国家重点专业，形成校企“双主体”育人

① 参见广州铁路职业技术学院网站（http：//www. gtxy. cn/）中的学校简介等材料。

机制；建成产学研培“三中心”（技术服务与专利开发中心、广州轨道交通教育培训中心、成人学历提升中心）、“三平台”（志愿服务平台、对口支援平台、国际交流平台）服务体系，全面提高服务经济和社会发展的能力，成为珠三角轨道交通类高端技能型专门人才的培养培训基地；实施教师津贴分配制度、学校与教学院系（部）两级管理改革，实施了“8+4”教学工作量改革，教师工作量的30%为教师社会服务工作量，及“2+1”教师培养制度改革，建成31个“双师”工作室、29个专业教师企业工作站，形成了教师主动服务企业和社会的长效机制，适应工学结合人才培养模式改革的校内管理体制机制。该院在办学体制机制方面的创新举措和成果得到了同行、专家和社会的广泛关注与认可，中国教育报、广东电视台、南方电视台等主流媒体、主流网站多次报道学校花都工学结合示范园、人才培养模式改革等方面的成功经验。

广州铁路职业技术学院秉承“依托行业、适应社会、适应学生、适应政府”的办学理念，走特色立校、质量强校、优势兴校之路，培养品德高尚、技能精湛、创新奋进的高素质技能型人才，探索践行“产教一体、寓学于工”的人才培养模式。学校与广州铁路（集团）公司、广州地铁、深圳地铁、港铁（深圳）公司、远成物流、广州塔等知名企业共同制订人才培养方案，率先成规模地开展“2+1”订单培养模式，形成学校与企业、专业与职业、学生与岗位对接的人才培养机制，2014年订单培养学生1 356人。截至2013年，该院为满足对接轨道交通产业链和珠三角区域经济发展需要，建有7大专业群共31个专业；建有轨道交通车辆驾驶、电气化铁道接触网等16个校内实训基地（含95个校内实训室）；建有中央财政支持的职业教育实训基地2个，省级高职教育实训基地1个，广州市职业教育示范性实训中心6个；设有国家骨干院校重点建设专业4个、中央财政支持提升专业服务产业发展能力重点建设专业2个、广东省重点建设专业5个、广州市示范性（建设）专业12个，市级以上精品课程27门；获国家、省、市级教学成果奖13项；自2007年以来，学生先后在国家、省、市各类大赛中获奖达300余项；93.7%的毕业生获取相关职业资格证，26.9%获得高级证书，就业率位列全省前列；2013年，该院被评为“广东省普通高校毕业生就业先进集体”。另外，该院建有广州市“双转移”定点培训机构，设有国家职业技能鉴定所和铁路特有工种职业技能鉴定站，可提供89个工种/证书的初、中、高级及特种作业的鉴定，其中，有43个工种可开展技师与高级技师鉴定服务。每年为地铁、国铁及相关行业企业开展岗位培训、技能鉴定与考证和面向社会的培训等超过一万人次，现已成为南方轨道交通企业重要的应用型人才培训基地。

第三节　广州城市职业学院
——校企社政合作办学模式[①]

广州城市职业学院是2005年经广东省人民政府批准、国家教育部备案成立的一所公办全日制普通高等职业学院，是广东省示范性建设院校，也是广州市首家社区学院。

广州城市职业学院是由原广州业余大学、原广州市经济管理干部学院、原广州市财贸管理干部学院和原广州市乡镇企业管理干部学院合并组成，这四所学校都是由广东省人民政府批准独立设置的成人高等院校，有悠久的办学历史。如原广州业余大学成立于1962年，原广州市经济管理干部学院、原广州市财贸管理干部学院创办于1984年，原广州市乡镇企业管理干部学院创办于1985年。

2005年，为整合办学资源，广州市人民政府在四所成人高校的基础上成立了广州城市职业学院。2009年5月，广州市政府批准学院加挂“广州社区学院”牌子，成为广州首家社区学院。2012年，广州市在该院专门成立了“广州社区教育与服务指导中心”，指导推进全市社区教育，推进学习型社会建设。为发挥学校在成人高等教育方面的优势，该院积极探索构建以政府为主导、学院为主体、社区为中心、企业参与的社区教育与服务网络和工作体系，探索职业教育与社区教育相融合、市级政府与社区联合办学的模式。学校与广州市12个区和市团校签订战略合作框架协议，成立了13个社区分院，包括白云分院、花都分院、黄埔分院等，与多个街道合作共建了46个社区分校。社区分院和社区分校采用学院和社区共建的管理模式，即业务上由广州社区学院指导，办学经费主要由区级政府、社区、街道统筹解决。由此，学校构建了以学院为核心，校企双主体，依托市、区、街三级教育网络，校企社政四方合作的社区职业教育新模式。

① 参见广州城市职业学院网站（http：//www. gcp. edu. cn/）中的学校简介等材料。

除职业教育与社区教育融合发展的特色之外，该院的文化素质教育也颇具特色。该院形成了“思诚贵和”的校风和“乐学善用”的学风；创建了国内高职院校中首个国学院，将社会主义核心价值体系融入人才培养全过程中，将中华优秀传统文化精髓与职业道德、职业能力和职业精神培育有机结合，全面提升学生人文素质，造就既具有娴熟的职业技能，又拥有良好品德与和谐人格的高素质技能型人才。

几十年来，该院已为社会各界培养了30多万人才。当前，该院围绕广州地区高新技术产业、先进制造业、高端化现代服务业和社区服务4个专业板块开设了10个专业群，设有信息技术系、机电工程系、商贸系、财会金融系、旅游系、公共管理系、艺术设计系、城市建设工程系、食品系、应用外语系、社科部、国学院、继续教育中心这13个包括教学单位、高职教育研究所和社区教育研究中心等的科研机构；建有省市级精品课程15门，省市级示范专业12个；建有国家和省市级财政支持的实训基地建设项目11个，集教学、技术开发、培训、考证等功能于一体的校内外顶岗实习基地194个。

第四节　广州体育职业技术学院
——行业办学模式[①]

广州体育职业技术学院是2004年经广东省人民政府批准，国家教育部备案成立的全国省会城市首家公办全日制高等体育职业院校，是全国15所体育职业学院唯一一所同时肩负高水平竞技体育后备人才培养和体育高技能型人才培养双重任务的市属体育高职院校，是广东省示范性建设院校。

广州体育职业技术学院的前身，一是广州市体育运动学校，创建于1973年；二是广州市体工队，创建于1976年。1996年，广州市委、市政府投资2亿元，建成当年具有现代化水平、中国同类学校中规模最大、设备一流的体育运动学校——广州市伟伦体育运动学校。原香港恒生银行董事长利国伟先生和夫人易海伦女士捐赠2 500万港币用于兴建学校，捐赠1 500万港币设立训练教学奖励基金。2004年3月，广州市伟伦体育运动学校根据《中共广东省委、广东省人民政府贯彻落实〈中共中央、国务院关于进一步加强和改进新时期体育工作的意见〉的意见》中关于“广州、深圳市体育运动学校要高标准、高水平规划和建设，逐步向高等专科学校的方向发展，使之成为我省重点高水平后备人才基地”的要求，经广东省人民政府批准、国家教育部备案升格为由广州市政府举办的全日制体育高等职业院校。

广州体育职业技术学院的办学主体是广州市体育局，属于行业办学，广州市体育局党委书记、局长兼任学院院长。学院与市体育局下属34个法人单位、市47个单项体育协会、21家国家级青少年体育俱乐部以及广州市体育产业促进会下属的50余家企业、各区体育局及体校，建立了资源共

① 参见《2013年广州体育职业技术学院省级示范性院校建设方案》、《广州体育职业技术学院2012—2013学年度高等职业教育人才培养质量报告》和该院官网（http：//www. gztzy. net/）中的学校简介等材料。

享、协同育人、互利共赢的合作关系。学院依托强大的行业背景，全方位开展各类体育人才培养、培训、继续教育及社会服务工作。学校每年举办各体育行业协会联谊会，共同研讨协会发展，每年约 2 000 人次学生与教练、教师参与各体育协会赛事服务及技术指导。

2009 年 11 月，经广州市人民政府批准（穗编字〔2009〕295 号文《关于市体工队并入广州体育职业技术学院等问题的批复》），市体工队并入学院，实行“一个机构、两块牌子”、“校队合一”的管理模式。由此，实现了校队办学资源共享、办学经费多元投入、校队“双主体”培养人才的办学格局。

该院在高职教育和体育训练相融合的办学实践中，逐步形成了“人才强校、金牌荣校、文化兴校”的办学理念、“立足广州、面向全国、辐射海内外，打造拔尖运动员孵化哺育基地、优秀体育人才终身教育园区”的办学定位、“一流名校、冠军摇篮”的办学目标和“崇德、善搏、求实、勤学”的校训，积淀了具有体育特色的校园文化。同时，不断探索新时期我国竞技体育人才培养“体教结合”的新路子、“校队合一”的管理新模式，构建了从初等、中等到高等职业教育的完整的体育职业人才培养体系和“十四年一贯制”人才培养模式。

建校近 40 年来，广州体育职业技术学院先后培养出雷声、张雁全、陈燮霞、杨伊琳、杨维、张洁雯、杨景辉等 7 名奥运冠军，以及世界冠军 21 名、亚洲冠军 47 名、全国冠军 155 名，学院培养输送的运动员在近两届奥运会上取得 4 金，占广州市总金牌数的 100%。近两届城运会取得 41 金、近两届省运会取得 234. 5 金，分别占广州市总金牌数的 55% 和 32%。完成了市委、市政府提出的广州市竞技成绩在“全省绝对领先、全国名列前茅、世界榜上有位”的目标。

第五节　广州工程技术职业学院——社会团体（工会）办学模式[①]

广州工程技术职业学院是于2004年经广东省人民政府批准、国家教育部备案成立的一所公办全日制普通高等职业学院，属于成人高校改制类的学校，教育部确定的首批教育信息化试点学校。

广州工程技术职业学院的前身是广州市业余工业科技学院，创办于1964年，“文革”期间停办；1973年由广州市科委复办，更名为“广州市业余科技学院”；1979年广州市总工会接办；1981年经广东省人民政府批准，原国家教育部备案，取得成人高等教育的办学资格；1983年与广州市工人马列主义业余大学合并，改名为“广州市职工业余大学”；1995年更名为“广州市职工大学”；2004年根据广东省人民政府批准，国家教育部备案改制为“广州工程技术职业学院”。

目前，广州工程技术职业学院延续最初的办学传统，办学主体仍为广州市总工会。工会的性质是工人阶级的群众组织，因此，广州工程技术职业学院属于群众性组织（社会团体）办学。该院充分发挥工会会员企业众多的优势，主动承担广州市企业职工培训任务，每年为企业培训员工2万多人次，在提高广州市企业劳动力素质方面发挥了重要作用，取得了良好的经济效益与社会效益。与此同时，将企业培训经验和资源引入学历教育，深化校企合作，提升学历教育的人才培养质量，走出了一条颇具特色的校企合作办学之路，形成了以高职教育为主，成人大、中专学历教育和中等职业教育、技能岗位培训等多种形式并存的办学格局。如学校依托下辖的三所中职学校（广州市总工会职业技术学校、广州市总工会外语职业学校和从化市技工学校），已在探索中职教育与高职教育统筹协调发展、技工教育与职业教育协调发展之路，力促中高职衔接，构建技术技能人才

---

① 参见广州工程技术职业学院网站（http：//www. gzvtc. cn/）中的学校简介等材料。

培养体系；与中国石化广州分公司、日立电梯（中国）有限公司、瑞典斯堪尼亚汽车公司、苏宁电器集团、广州数控有限公司等企业建立了紧密合作关系，包括与瑞典斯堪尼亚汽车公司合作成立了斯堪尼亚合作学校、与日立电梯（中国）有限公司合作共建“日立电梯学院”、与中国石化广州分公司等企业合作组建了石油化工职业教育联盟等。

该院奉行“规则管理、效率优先、质量取胜”的指导思想，锐意改革，以培养“完整的人”为目标，教学内容按人生修养、基本技能、才艺培养、专业课程、就业训练、升学复习、实践锻炼、奖学助学等八个方面全面展开，全程贯穿三年，努力探索“用最合适的方法培养最需要的人才”的高职教育新路子。

（1）人才培养目标“品”字先行，德智并重。践行“立品、为学、禀艺、砺身”的校训精神，确立“品格＋知识＋技能＋才艺 ”的人才培养的具体目标，以懂得做人、操守廉律、技能精卓、一专多艺作为学生的培养尺度。

（2）人才培养模式灵活实用。涵盖了“人生修养”、“生活基本技能”、“职业规划和就业训练”等内容的校本教材自成体系，鼓励学生大范围选修课程，允许学生入学一年后根据自身情况重新选择专业，学生学习更有弹性和自主性。

（3）建立了完善的质量管理体系。学院在 2004 年率先通过 ISO 9001 认证 ，在教学管理、教学模式、教学方法、学生管理和后勤服务等方面建立了一整套与国际接轨的完善的质量管理体系，为学生的学习、成才提供了强有力的保障。

（4）信息化建设成效突出。学院将信息化技术广泛应用于教学、学生、就业和后勤等各个方面。自主开发的“学生诚信银行”、“学生电子信息档案”、“空中课室”等系统，对学生行为的监管、褒奖和修正非常及时、有效，家长通过互联网即能及时了解学生的在校情况，为师生之间、家校之间的信息交流提供了便利和空间。

（5）实行人性化的“毕业后关怀计划”。学院实施毕业生免费回院进修的培训制度，以提升毕业生的竞争能力，确保其持续发展。

（6）推行“导师制”——对学生实行个性化指导。为践行“全员育人、全程育人、全方位育人”的理念，实现对学生的贴身关怀，落实人才培养目标，学院从 2007 年起实施学生课外导师制，为每位大一学生配置指导老师。通过因材施教、个性化的指导，对学生的思想、学习、生活、交往、心理等方面进行辅导指引，释疑解惑，帮助学生愉快生活、全面发展。

第六节　广州科技贸易职业学院
——社会团体（科协）办学模式[①]

广州科技贸易职业学院是2006年经广东省人民政府批准，国家教育部备案的一所公办全日制普通高等职业学院，是广州市高新技术人才培训基地、广州动漫人才培训基地和广州服务外包培训基地。

20世纪80年代初，广州市科协领导班子决定办一所为科技人员服务的进修学院。1984年3月10日，广州市委、市政府正式行文批准成立“广州市科技进修学院”（穗办函〔1984〕101号）。1985年12月26日，广州市人民政府在穗办函〔1985〕438号文中“同意‘广州市科技进修学院’改名为‘广州市科技干部学院’”。1988年1月14日，广州市人民政府根据国家教委有关指示精神，对广州市成人高校进行了调整，决定“将广州市科技干部学院依托广州大学，实行联合办学，成立广州大学科技干部学院。属广州大学成人高校系列”，学校负责对广州市在职自然科学技术人员进行进修和培训。同年4月29日，国家教委发文（教计字〔1988〕070号）同意设立广州大学科技干部学院。从此，学院正式进入了成人高等教育院校行列。

1991年，通过广州市人大代表提案，广州市计委立项，广州市政府投资500多万元在环市中路花果山兴建了7 000平方米的花果山校区。1999年，学院在天河区东莞庄一横路创建了五山校区。2000年，学院向广州市计委提出扩建学院项目的立项申请，广州市计委于2000年3月8日批准了学院扩建项目。2002年3月20日广州市规划局批准学院新校区选址番禺区南村镇七星岗，同年5月10日市计委批准学院新校区建设的可行性报

① 广州科技贸易职业学院. 广州科技贸易职业学院志（1984年3月—2009年2月）［M］. 广州：广东人民出版社，2012. 另外还参见了广州科技贸易职业学院网站（http：//www. gzkmu. cn/）中的相关资料。

告。2003 年 1 月 1 日番禺校区扩建工程正式动工兴建。

2001 年，学院向广州大学和广州市机构编制委员会提出改制申请——挂靠新组建的广州大学办学，更名为“广州大学科技贸易技术学院”。2001 年 5 月，广州大学同意“广州大学科技干部学院”更名为“广州大学科技贸易技术学院”（广大〔2001〕64 号），9 月 13 日，广州市机构编制委员会发文（穗编字〔2001〕227 号），同意学院更名为“广州大学科技贸易技术学院”，成为一所有独立法人资格的广州大学二级学院，学院实现了一次由从事培训、成人教育转变为普通高等专科教育的跨越，实现了从成人高校转制到普通高校的跨越。

2005 年 6 月 27 日广州大学同意学院改办，独立设置为高等职业技术学院。2006 年 4 月 19 日广东省人民政府批复同意设立广州科技贸易职业学院（粤府函〔2006〕80 号）。同年 5 月 11 日教育部同意备案［（教）〔2006〕11 号］，学院最终完成了独立设置的申报工作，改办为广州科技贸易职业学院。2006 年 12 月 20 日广州科技贸易职业学院举行揭牌仪式，结束与广州大学的挂靠关系，成为广州市第六所市属高职院校。

目前，该院延续了最初的办学传统，仍由广州市科学技术协会主办。科学技术协会性质上是属于科学技术工作者的群众组织，是党和政府领导下的人民团体，所以广州科技贸易职业学院也属于群众组织（社会团体）办学。该院以广州市科学技术协会下属学会、企业、科协等单位为依托，充分发挥学院作为中国科协南方科技人才继续教育基地、广州市高新技术人才培训基地和广州市软件与动漫人才培养培训基地的作用，承担了广州市公务员培训、广州市高新技术人才培训、中国科协市（县）级科协主席培训、动漫人才培训等大量任务，走出了一条颇具特色的发展之路。

该院践行“质量立校、人才强校、特色兴校、服务荣校”的办学理念，以“服务学生学习就业、服务企业生产发展、服务社会经济建设”为宗旨，紧扣珠三角地区支柱产业，紧贴区域经济发展需求，开设了电子信息工程技术、会展策划与管理、城市轨道交通运营管理（地铁运营管理）、动漫设计与制作、物流管理、国际经济与贸易、汽车检测与维修技术、艺术设计等 25 个专业，其中中央财政支持提升专业服务产业发展能力重点建设专业 2 个，省级重点培育专业 3 个，市级示范性（重点）专业 5 个；建有省级精品（优质）课程 2 门、市级精品课程 3 门；学院大力实施创新强校工程，积极推进“政校行企”协同创新，深化校企合作、产教融合、工学结合的现代高职人才培养模式改革，建有校内外实训基地 230 多个，其中省级实训基地 1 个，市级实训基地 2 个。学院全面实施“专业导师型”和“五大育人工程”，全面提高学生综合能力。近三年来学生参加各类职业技能大赛获国家级奖项近 300 项，人才培养质量得到社会广泛认可，招生就业连续多年保持两旺，近三年毕业生初次就业率均超过 98%。

第四章　探索构建广州特色的现代职业教育体系

《国家中长期教育改革和发展规划纲要（2010—2020年）》明确提出：到2020年，形成适应发展方式转变和经济结构调整要求、体现终身教育理念、中等和高等职业教育协调发展的现代职业教育体系，满足人民群众接受职业教育的需求，满足经济社会对高素质劳动者和技能型人才的需要。《广东省中长期教育改革和发展规划纲要（2010—2020年）》也提出：到2020年，形成适应经济发展方式转变和产业结构调整要求、体现终身教育理念、中高等职业教育（含技工教育）协调发展的现代职业教育体系，构建从初级到高端的应用型、技能型人才的完整培养链条，满足人民群众接受职业教育的需求，满足经济社会对高素质劳动者和技能型人才的需要。

广州市在国家和广东省的统一部署下，结合广州市实际，采取多种措施，着力推进具有广州特色、中高职有效衔接、体现终身教育理念的现代职业教育体系建设，包括开展“三二分段”中高职衔接、与应用本科院校合作开展本科层次高职教育、与国外大学合作培养本科乃至硕士学历的应用型人才、将高职教育与社区教育相融合、开展与终身教育相衔接的职业教育。

第一节　实施高职对口中职自主招生改革，推动中高职有效衔接

一、实施“三二分段”高职对口中职自主招生

自2010年起，广州四所市属高职院校在广东省教育厅的指导下与省内20所中职学校合作，实行试点高职对口中职“三二分段”自主招生考试制

度改革，即试点高职院校面向中职学校在试点专业开展对口自主招生，学生在中职学习三年，通过转段考核进入高职学习两年，毕业后获得相应专业的专科毕业证书。如广州城市职业学院以建筑工程技术、艺术设计、市政工程技术、汽车检测与维修技术四个专业为试点，探索“三二分段”中高职衔接人才培养；广州铁路职业技术学院以机电设备维修与管理、应用电子技术、计算机应用技术、物流管理四个专业为试点，探索“三二分段”中高职衔接人才培养；广州番禺职业技术学院以商务英语、数控技术、旅游管理等专业为试点，开展“三二分段”中高职衔接人才培养；广州工程技术职业学院以石油化工生产技术、数控技术两个专业为试点，开展“三二分段”中高职衔接人才培养。经过几年的探索，广州市试点高职院校初步实现了中等职业教育与高等职业教育在人才培养目标、专业设置、课程体系与课程内容、职业资格证书等方面的有效衔接，为构建具有广州特色的现代职业教育体系奠定了基础。

二、实施高职对口中职自主招生

2011 年，广州四所市属高职院校开始试行中高职自主招生考试制度改革，即高职院校自主招收中职学校对口专业应届毕业生和中职相关专业毕业生，及有两年以上实践经验的社会人员，到高等职业院校相应专业就读，接受高等职业教育，毕业后取得相应专业专科毕业证书。“自主招生”不仅面向在校中职生，而且面向社会人士，因此，该模式不仅有利于中高职衔接，而且打破了传统职业教育的时空限制，有利于构建体现终身教育理念的职业教育体系，推动学习型社会建设。

第二节　实施一贯制培养模式改革，构建技术技能人才培养体系

一、实施五年一贯制中高职衔接人才培养模式改革

2011 年，广州体育职业技术学院以运动训练专业为试点，探索初中起点五年一贯制中高职衔接人才培养模式改革。即招收初中应届毕业生，进行中职、高职五年一贯制培养，统筹设计人才培养方案，从学生的职业生涯出发，根据专业对应职业领域的人才需求，对中职和高职两个阶段的培养目标进行科学定位，统筹安排中职与高职两个阶段的课程体系，既分层、分阶段实施，又统筹协调、一体化安排，逐步提升学生的职业能力，做到中职与高职两个阶段的教育无缝对接。

二、构建十四年一贯制竞技体育人才培养体系

广州体育职业技术学院充分发挥“校队合一”的管理体制优势，以运动训练专业为试点，探索从初等、中等到高等职业教育的十四年一贯制竞技体育人才培养模式改革，即“9 年义务教育 +3 年中职（高中）阶段教育 +2 年高职教育”，构建现代体育职业教育体系。采取“体教结合”的方式，实行义务教育与初等职业教育、高中与中等职业教育双轨并行制，实现初、中、高等职业教育的有序衔接，实现职业教育向下延伸，职业技能向上拓展，为竞技体育人才的终身、全面发展奠定基础。

第三节　与国内外本科院校合作，开展本科以上层次高职教育

一、与国内本科院校合作，开展本科层次高职教育

2013 年，广州城市职业学院与广东韶关学院合作，在食品科学与工程专业（食品营养与检测方向）招收首届四年制本科层次高职生，两校共同制订人才培养方案，共同探索适应区域社会经济发展要求的具有本科学历的高层次技术技能人才培养方案。另外，广州番禺职业技术学院、广州铁路职业技术学院也在积极寻求与本科院校合作，联合开展本科层次的职业教育。与国内本科院校联合可以培养本科层次技术技能人才，提升了职业教育层次，满足了经济社会发展对高层次技术技能人才的需求，为专科层次职业教育与应用型本科教育的有效衔接积累了经验。

［案例 1］

广州城市职业学院与本科院校合作构建“2+1+1”本科应用型人才培养模式[①]

广州城市职业学院食品科学与工程专业（食品营养与检测方向）与广东韶关学院合作构建了“2+1+1”本科应用型人才培养模式。

（1）新生入学后，广州城市职业学院与韶关学院按三个阶段进行合作培养。前两年由韶关学院组织教学，发挥本科院校的学科优势，强化学生专业基础课程，以达到本科生的学科基础要求；第三学年，由广州城市职

① 吴勇等．与本科院校联合培养专业学士人才培养模式改革［R］．广州市高等学校第五批教育教学改革体改项目结题报告，2014.

业学院组织教学，将办学地点放到校企合作共建的萝岗食品学院，由学校教师和食品行业企业的专业技术人员共同承担教学任务，采用“教、学、做”一体化课程，实践教学在广州萝岗经济技术开发区内的食品企业开展；第四学年开展顶岗实习并完成毕业论文，顶岗实习在萝岗区食品企业进行，同时将实习与就业联系起来，实现实习与就业的零距离对接，学生的毕业论文由韶关学院和广州城市职业学院的教师共同指导，论文选题结合顶岗实习实践工作，以帮助企业解决生产过程中的实际问题为主。

(2) 广州城市职业学院会同韶关学院及食品行业企业，共同成立了本科层次应用型人才培养工作专业指导委员会，建立协同培养工作机制，行业企业参与人才培养全过程，校校共同制订专业人才培养方案。

(3) 实行单独管理，建立相配套的教学、学生管理制度。招生、学籍管理、毕业证书和学位授予由韶关学院负责；实行学分制；建立学生专业实践综合评价体系和“校企一体化”教学管理模式，实施学校、企业、用人单位和行业部门共同参与的教学考核评价机制；实施“学历证书+职业资格证书”的双证书制度。

(4) 本科与高职两个阶段的课程设计一体化，两个阶段的课程设置和教学内容能有效衔接。在第一个阶段（前两年）突出专业基础课程的学习，同时开展体现职业教育特点的专业实践课程，以便在第二个阶段能够更好地发挥校企合作的人才培养优势。

实践证明，该人才培养模式对学生有一定的吸引力。如2013年首届招生计划100人，实际报到92人，录取学生的分数在韶关学院名列第二位，最高录取分数达546分，平均入学分数比韶关学院招生分数线高2分。

二、与国外大学合作，开展高层次职业教育

广州番禺职业技术学院艺术设计类专业与英国德蒙福特大学相关专业对接，探索“学分互认”、“学制互通”，合作开展本科、硕士乃至博士层次的职业教育。目前两校已签署合作协议，完成了合作备忘录、合作补充细则以及两校课程衔接提纲等文件。另外，广州体育职业技术学院与芬兰体育商学院合作，双方签署了“专、本、硕”(3+1+2) 合作办学的框架性协议。与国外大学合作，联合开展本科甚至更高层次的职业教育，拓展

了广州市职业教育的发展空间，提升了广州市高职教育的国际化水平，为广州市企业实施“走出去”战略提供了人才支持。同时，也为构建现代职业教育体系提供了新思路和新路径。

第四节　整合教育资源，推动职业教育与社区教育融合发展

广州市依托广州城市职业学院，充分发挥该院在成人教育、社区教育方面的传统优势，积极推动职业教育与社区教育的融合发展，促进广州学习型社会建设，探索体现终身教育理念的现代职业教育体系建设。一方面在广州城市职业学院加挂“广州社区学院”，明确该院高职教育与社区教育的双重功能定位；另一方面成立了广州社区教育服务指导中心，承担全市社区教育的指导、服务和评估职能。

从2011年起，广州城市职业学院依托国家教育体制改革试点项目“推进广州学习型社会建设（社区教育）”，深入探索职业教育与社区教育融合发展的机制与体制，组建了社区教育专家咨询委员会和工作委员会，构建了由学院主要领导牵头、专职部门负责、各职能部门与二级学院（部）及师生广泛参与的项目实施和工作体系，明确学院相关部门的社区教育职责，将社区教育与服务的要求融入学院的专业建设和人才培养体系之中；积极探索社区教育资源的整合机制，通过资源共享、成本补偿、经费分担等方式，有效整合和利用各类社区教育资源；积极探索社区教育项目管理机制，通过项目运作方式推进社区教育工作的深入开展；在“广州社区学院”的基础上，先后与广州市12个区和市团校签订战略合作框架协议，成立了13个社区分院，并依托家庭综合服务中心、成人文化学校等教育文化机构，与白云、花都、黄埔、萝岗等46个街镇共同组建社区分校，在社区成立社区教学点，构建“区—街—社区”三级社区教育网络，建立了广州社区教育网络的基本框架，形成了职业教育与社区教育联动发展模式。[①]

① 参见《广州城市职业学院2012—2013学年度高等职业教育人才培养质量报告》。

［案例 2］

广州城市职业学院职业教育与社区教育联动发展模式①

这是一种正规教育与非正规教育互动、互促、融合发展的创新模式。

一、模式机理

高等职业教育是培养面向生产、建设、服务和管理第一线需要的技术技能人才的正规教育，它强调人才培养规格、计划与社会需求、人才市场的“无缝对接”；社区教育的主体是面向社区民众的非正规教育，它体现着民众、社区的发展需求，体现着社会发展对人才、职业的需求，体现着人才市场的发展动向。实行职业教育与社区教育对接。一方面，职业教育可以以正规教育的人力、物力等资源优势和教育培训能力、经验，提升社区教育素质，促进其科学发展；另一方面，社区教育可以为院校职业教育办学方向的校正，人才培养规格、计划的调整，专业设置、课程安排、教材建设、教育技术等的深化改革提供导引、帮助。所以，职业教育与社区教育的对接，是正规教育与非正规教育、院校教育与社会教育、专才教育与民众教育互动互促的崭新发展模式。

二、经验做法

广州城市职业学院与广州市社区教育的联动发展是“职教社教联动发展模式”（以下简称“联动发展模式”）的典型案例。最近几年来，该院在“服务产业、服务社区、服务市民”办学宗旨的指引下，引导拥有 25 名博士、247 名硕士、150 余名高级职称教师的教师队伍，带领上万名学生投身于广州市社区教育。短短几年时间，该院构建了覆盖全市的“区—街—社区”三级社区教育网络；开展了多层次、多类型、多样化社区教育活动，服务民众超过百万人次；利用该院人才、课程资源为社区开发了三大系列共 200 余门课程，建立了 26 个网上资源库；在普遍建立学习型社区的基础上，打造了国学特色社区、岭南文化社区等特色创意社区。在该院的全面参与下，广州市社区教育取得了突飞猛进的发展，为“幸福广州”

① 摘编自《广州城市职业学院 2012—2013 学年度高等职业教育人才培养质量报告》。

的创建奠定了坚实基础。

与此同时，广州城市职业学院也借社区教育走出了高教“象牙塔”，拓宽了办学视野，了解到经济社会发展、人才市场对应用型人才类型、规格、结构、数量等的要求。这为学院校正办学方向，调整专业结构，优化人才培养计划、规格、技术、标准等提供了依据。目前，学院近半数专业调整了方向，直接面向社区培养适用人才；逾八成专业调整了教学计划和课程，设置了社区教育课程模块；广大教师在参与社区教育过程中，更新了教育理念，优化了教育思想、教学技术，提高了面向社会的科研能力，产生了一大批原创性科研成果；学院在社区建立了近百个“社区管理与服务实践基地”，学生在服务社区社会实践中，端正了世界观、人生观、价值观，调整了就业、创业思想，努力将自己打造成适应社会需要的高技能人才。

三、运行效果

对于社区教育来说，“联动发展模式”至少能带来四方面的“利好”：一是吸纳院校管理运作经验，助力社区教育科学发展；二是大批院校师生进入社区，增强了社区教育活力；三是与院校资源共享，扩充了社区教育资源存量；四是有了院校科研力量的支持，社区教育能得以不断开拓创新。

“联动发展模式”受到教育部领导的高度重视，教育部职成司领导认为广州城市职业学院“在职业院校服务社区教育工作中走在了全国前列”，将其视为我国教育制度创新的一大“亮点”。该院还受教育部委托起草了《教育部关于职业院校服务社区教育工作的指导意见》。广东省、广州市各级教育主管部门也对这种模式给予了高度评价。同时“联动发展模式”也受到国内多家新闻媒体的关注，《人民日报》、《光明日报》、《羊城晚报》等先后报道了该模式运作的工作实效，对这种模式给予了充分肯定。

第五章　政校行企深度合作，产学研用协同创新

2011年4月24日，胡锦涛同志在清华大学百年校庆上发表讲话时提出了“推动协同创新”的理念和要求。为落实胡锦涛同志的重要讲话精神，2012年5月7日，教育部、财政部联合召开视频会议，正式启动并实施《高等学校创新能力提升计划》，也就是“2011计划”。“2011计划”是我国高等教育领域继“211工程”、“985工程”之后又一项体现国家意志的重大战略举措。“2011计划”不仅仅是一项具体的战略举措，同时也是一种新的理念，对高职院校的发展同样具有重要的指导意义。近年来，广州市属高职院校积极贯彻协同创新的理念，大胆探索，推动政校行企深度合作。同时，广州市政府也积极为政校行企深度合作、产学研用协同创新提供政策保障。如2013年，广州市人民政府办公厅专门出台了《关于促进我市职业教育校企合作工作的意见》（穗府办〔2013〕2号），为校企深度合作提供了政策支持。广州市政府明确将政校行企深度合作的教育制度作为高等职业教育的主要制度，并通过一系列政策措施保障其落实到位、接地气。政校行企深度合作的教育制度将学校的教育资源与政府、行业、企业的教育资源整合起来进行办学，便于将理论教学与实践教学结合，便于将学习过程与工作过程结合，便于将学生身份与员工身份结合，便于将教师身份与企业工程师身份结合。具体而言，广州市属高职院校在政校行企合作方面主要有三种典型模式：职业教育集团化办学、政校行企共建专业特色学院、政校行企共建产学研用协同创新（育人）平台。

第一节　探索职业教育集团化办学

广州市属高职院校按照教育部推进职业教育集团化办学的精神，秉着做实、做强、做出成效的原则，坚持“利在企业、功在育人”的合作理念，打破部门、行业、区域和院校的类别界限，积极推动职业教育资源的整合、重组和共享，加强学校与学校、学校与企业、学校与科研机构、学校与行业协会之间的全方位合作，探索集团化办学，推进合作办学、合作育人、合作就业、合作发展，形成人才共育、过程共管、成果共享、责任共担的紧密合作办学体制机制，发挥政校行企各自在产业规划、经费筹措、先进技术应用、兼职教师聘任、实习实训基地建设和吸纳学生就业等方面的优势，促进政校行企深度合作，增强办学活力。

［案例1］

广州铁路职业技术学院牵头组建广州工业交通职业教育集团①

2013年，广州铁路职业技术学院牵头，联合市属工业交通职业学校、广州铁路（集团）公司等135家职业院校、行业协会、企业，组建了广州工业交通职业教育集团，为院系（部）及教师开展校企合作搭建平台。具体做法如下：

（1）建立集团章程，规范内部治理。将集团章程作为集团治理的根本大法。集团章程明确了“平等、合作、诚信、共赢”的集团组建原则、集团的工作任务、集团成员的责权利等内容。维持集团成员单位原有隶属关系、拨款渠道、人事关系，以契约为主要联结纽带，以集团章程的形式联

① 刘国生等．广州市高职院校集团式办学的探索与实践［R］．广州市高等学校第四批教育教学改革体改项目结题报告，2013.

结在一起。其中，政府是集团化办学的主导，承担着政策制定、工作推进、效果监督、办学方向把控的任务；行业组织是集团化办学的指导，主要在发展规划、资源建设、评价监督等方面指导集团化办学；企业与职业院校是集团化办学的两大主体，以职教集团为纽带将企业与职业院校联结到一起，实现供需结合、供需协调、供需合作。

（2）搭建内部架构，实施理事会制。职教集团实施理事会制，并设置理事会、常务理事会、秘书处、4个专委会作为职教集团的基本组织架构。常务理事由市教育局、广州铁路（集团）公司、广州地铁、学校等单位领导组成，在理事会下设专业与实训基地建设、产学研合作与培训、招生与就业工作、师资队伍建设等4个专门委员会，统筹协调具体合作项目。依据集团章程，理事会为最高决策机构，行使最高权力，研究部署集团全局工作，审议集团重要议案，审议理事会年度工作报告；常务理事会为日常决策机构；秘书处为协调机构（秘书处设在校企合作办公室），处理日常工作事务，发挥组织、联络、沟通方面的功能与作用。4个专委会为执行机构，具体负责集团内一些专业性的筹划、组织与管理工作。完整的组织架构，为职教集团的正常运行提供了组织保障。

（3）明确工作机制，保障集团运行。职教集团建立了理事会会议制度、集团信息沟通制度、双向信息员制度等。理事会每年召开一次会议；常务理事会根据需要，可不定期召开会议；在理事大会闭会期间，常务理事会代表理事大会行使权力。理事大会和常务理事会实行民主集中制，决议重大问题时须经过三分之二以上的到会理事同意。

职教集团的组建，使校企合作的方式由个别学校与个别企业间双边合作，变成职教集团与多个企业多边、多向、集团式合作，大大降低了学校与企业单独签约合作所需要的交易成本，有效实现了实验实训条件、师资方面的共享与互补，避免了重复建设。各成员单位相互作用、相互依存、相互融合，共同推动集团化办学的发展，形成单个成员的“小”与“专”和整个集团的“大”与“全”的综合优势，实现了政府工作目标链、行业产业链、学校教学链和企业利益链的有效对接，架通了政府、学校、行业、企业间的对接渠道，实现了人才和产业信息在集团内无缝连通，形成了教育和产业、学校和企业之间资源共享的工作格局。目前，集团在运行中已取得初步成效：学校与“职教集团”企业合作并开展订单培养，2013年和2014年两届学生共有2 420人通过订单培养被企业预定，占这两年毕业生总数的51.3%；学校与企业成员单位合作开发了6个轨道交通类专业的专业标准；学校从成员单位引进28名能工巧匠，与企业共建31个“双师”工作室；学校与成员单位合作并开展技术研发100余项，获得专利65项。另外，学校还与花都区政府合作，成立了花都工学结合示范园，探索“厂中校”办学模式和“产教一体、寓学于工”的人才培养模式。

［案例2］

广州科技贸易职业学院牵头组建广州物流职业教育集团①

2013年，广州科技贸易职业学院牵头，联合广州市教育局、市科协技术协会、省市物流协会、物流企业等53家单位组建了广州物流职业教育集团。广州物流职业教育集团是广州科技贸易职业学院联合省内部分职业院校、相关企业和行业协会组成的产教联合体和利益共同体。它通过“订单式培养”、联合开发课程与教材、校企互兼互聘、联合科技攻关等多种方式，加强成员单位之间的全方位合作，形成院校与企业之间的良性互动，实现校企合作共赢、共同发展，实现职业教育的特色化发展道路，提升职业教育服务区域经济社会发展的能力。同时，广州物流职业教育集团也将探索职业教育集团与行业协会协同发展之路，通过整合优化社会资源，为校企双方提供合作研发、标准制定、人才引进、物流金融、电商物流等综合性的生产服务。学校以物流职教集团为平台，将企业文化融进校园文化建设之中，在学校设立“企业文化长廊”和“优秀校友风采走廊”，展出合作企业单位和省内外行业骨干企业的经营生产理念、产品介绍和各条战线优秀校友的业绩，让学生接受现代企业文化的熏陶，提升学生职业素养。

---

① 摘编自《广州科技贸易职业学院2012—2013学年度高等职业教育人才培养质量报告》。

［案例3］

广州番禺职业技术学院牵头组建职业教育协同发展联盟①

2013年，为提升职业教育人才培养质量和整体办学水平，促进职业院校协同发展，由广州番禺职业技术学院组织发起，联合该院12所对口支援院校（毕节职业技术学院、百色职业学院、广州华南商贸职业学院、广州铁路职业技术学院、吉林电子信息职业技术学院、江门职业技术学院、青海交通职业技术学院、山西财贸职业技术学院、新疆轻工职业技术学院、新疆职业大学、咸阳职业技术学院、中山职业技术学院），成立了职业教育协同发展联盟。联盟单位本着“互惠互利、优势互补、资源共享、开放联合、共同发展”的原则，积极发挥国家示范性高职院校、国家骨干高职院校、各省级示范性高职院校的辐射带动作用，在师资队伍建设、专业与课程建设、实训实习基地建设、学术科研、联合培养学生、国际交流合作等方面开展合作，资源共享。

［案例4］

广州体育职业技术学院牵头组建广州体育职业教育联盟②

广州体育职业技术学院牵头，建立以政府为主导，以学院为主体，体育类院校、行业协会、企业、区（市）体校、体育科研机构等50多家单位共同参与的“广州体育职业教育联盟”。在“人才共育、利益共享”的原则下，制定“广州体育职业教育联盟”运行、交流与评价制度和工作程序等相关文件；成立办学规划指导委员会、专业建设指导委员会、服务与培训指导委员会；制定并完善人才培养、师资队伍、实训基地、社会服务

---

① 参见广州番禺职业技术学院网站资料（http：//www.gzpyp.edu.cn/news/newsDetail.do?news.numId=6818）。

② 参见《2013年广州体育职业技术学院省级示范性院校建设方案》。

与成果等共育共建共享的保障制度，形成区域体育职业教育优势。

［案例5］

广州工程技术职业学院牵头组建了石油化工职业教育联盟①

2013年，广州工程技术职业学院牵头，联合地方政府、职业院校、企业、研究机构、行业协会、各地校友会等相关单位，按照自愿、平等的原则组建石油化工职业教育联盟。通过职教联盟，推动政校行企全方位深度合作，包括：

（1）校企共同研究石化行业职业教育的标准、机制，共同研究资源共享机制，实现信息、人力、教学设施和实习实训基地等资源的共享和互补。

（2）校企共同开展教学改革、专业建设、课程建设和教材建设，共同研究符合现代产业发展水平和石化行业岗位需求的专业标准与课程标准，并在职教联盟内率先实施，逐步实现石油与化工职业教育的标准化和规范化。

（3）建立交流平台，共享教育资源，并以职教联盟的名义对外开展宣传、招生和就业指导工作。

（4）加强职教联盟与国际、国内相关组织和机构之间的合作与交流，特别是珠三角、西部等地区职业教育资源之间的合作与交流，形成职教联盟品牌效应和连锁模式。

（5）定期组织职教联盟内单位之间的职业教育研讨，利用职教联盟优势开展教师业务培训、企业员工培训，着力培养“双师型”教师和高级技术技能人才，形成职业教育新的增长点。

（6）开展企业、行业人才需求的市场调查和预测，确保学校为企业、行业的发展提供人力资源服务和技术服务，建立职教联盟内部信息互联网络，建立职教联盟内部企业优先选择实习生和毕业生等制度，使职教联盟

① 谢鹏波等．石油化工专业群职业教育联盟公约［Z］．2014.

成为优化学生就业和提高从业人员素质的重要平台。

（7）开展科研和产品开发等方面的校企合作，开展多种形式的学生实习、实训等方面的校企合作，加快实现科技成果转化，提高院校和企业的可持续发展能力。

（8）推广职教联盟内外的职业教育经验，加强与兄弟职教联盟的交流学习，开展职业教育文化建设，不断推进管理创新。

第二节 政校行企共建专业特色学院

为满足广州市高职教育服务广州经济社会发展和产业转型升级的需要，在广州市新型城市化发展道路中找准定位和目标，全面推进广州市高等职业教育特色化发展，提升高职教育对产业发展的促进和带动作用，广州市大力实施“学校特色发展战略”，并于2013年启动特色专业学院建设工程。市属高职院校以此为契机，通过加强特色专业学院建设，深化特色专业学院内涵，推进校企深度合作，提升专业服务产业的能力。具体而言，广州市在专业特色学院建设方面，主要有以下五种模式。

（1）“1+1”模式，即某个专业（群）与单一合作主体（企业、政府、其他组织）合作组建特色学院，为该合作主体订制人才，满足其对专门人才的需求。如广州番禺职业技术学院与广东华好集团合作共建“华好学院”、与深圳百果园实业发展有限公司共建百果园学院，广州城市职业学院与深圳市远望谷信息技术股份有限公司共建“远望谷学院”、与碧桂园集团共建“碧桂园凤凰酒店管理学院”，广州工程技术职业学院与日立电梯（中国）有限公司共建“日立学院”，广州科技贸易职业学院与广州康缇企业管理有限公司共建“康缇美妆学院”。

［**案例6**］

广州番禺职业技术学院与广东华好集团合作共建“华好学院”①

2011年5月，广州番禺职业技术学院与广东华好投资有限公司合作成立“华好学院”。“华好学院”是该院首个与知名企业全面实践“合作办学、合作育人、合作就业、合作发展”理念的新型学院，完全按新机制办

① 参见《广州番禺职业技术学院2011—2012学年度高等职业教育人才培养质量报告》。

学，实行理事会领导下的院长负责制。理事会主席由学校副校长担任，副主席由公司董事长担任，另有若干名来自校企双方的理事。院长由公司董事长亲自担任、执行院长由学校老师担任，企业派驻一名副院长、多名业务骨干在校专职从事管理或专业教学工作。华好学院实行双主体办学，校企共同确定专业人才培养目标、共同制订人才培养方案、共同探索专业人才培养模式、共同开发课程和教材；“学校出地、企业出资”共同建设“校中厂、厂中校”的校内和校外实训基地，校内美容实训基地既可以为学生提供专业技能的训练，又可以为学生提供具体岗位的实践锻炼，校外实训基地既承担多门课程的校外教学，又具有学生顶岗实习、就业及创业的功能；校企共建“双师”教学团队，企业首批派驻8位有丰富实践经验的教师；企业设立华好创业基金，资助有志于在美容化妆品行业创业的学生。

[案例7]

广州城市职业学院与深圳市远望谷信息技术股份有限公司共建“远望谷学院”①

2013年9月，广州城市职业学院与深圳市远望谷公司签署《校企合作共建“远望谷学院”》协议，“远望谷学院”在人事管理、资金投入与利益分享、教学管理及实训基地管理等方面形成了共建、共管、共享的办学机制。学校引入物联网行业、企业标准和相关开发平台对学生进行职业技能训练，远望谷公司全面参与课程、实训基地、师资等专业建设和人才质量评价；依托远望谷学院，学校实施“专业教师到企业、能工巧匠进课堂”策略，建设专兼结合的“双师”结构教学团队，远望谷公司派了10名技术骨干担任学校的兼职教师，参与专业人才培养模式改革和课程体系建设，承担专业课程（主要是实践课程）的教学任务等，学校每年安排教师脱产下企业实践半年、假期安排教师到相关企业进行项目实践；校企共

① 参见《广州城市职业学院2012—2013学年度高等职业教育人才培养质量报告》。

建物联网应用研发室、物联网信息服务校外实习实训基地、IT外包服务校外实习实训基地和社区信息服务网点；学生在远望谷公司实习，按照该行业从业需掌握的技能路径进行学生实训项目设计与指导，缩短学生在顶岗实习结束后进入物联网行业就业的职业适应期；学院与远望谷集团依托华际软件外包中心，开展软件外包开发技术、项目管理、商业智能等课程培训与技术服务。另外，配合远望谷学院建设，广州城市职业学院牵头组建了“校企社联盟”。联盟成员为远望谷公司、华际友天公司、广东省物联网协会、广东省电子协会及RFID分会、广州物流协会等，联盟在校企合作师资建设、基地建设、社会服务、学生顶岗实习等方面均成立相关指导委员会，指导具体工作。

[**案例**8]

广州城市职业学院与碧桂园集团共建“碧桂园凤凰酒店管理学院”

广州碧桂园凤凰酒店管理学院遵循市场规律，校企开展全面合作，努力打造成为面向广州、影响广东、辐射华南的凤凰品牌旅游、酒店人才培养和研究基地。学校根据旅游黄金时段的特点和碧桂园凤凰酒店的需要，利用假期组织学生到基地实训锻炼，学生大三阶段直接到碧桂园凤凰酒店实习；把学校酒店管理专业课堂搬到碧桂园，探索新的酒店管理专业教学模式；校企共同研究人才培养方案，专业教师深入企业第一线跟班挂职，组织有经验的骨干教师为酒店开展培训；合力打造凤凰品牌，共建校内凤凰宾馆、凤凰餐厅、凤凰咖啡厅、凤凰教育旅行社；合作编著教材、开展课题研究、对外开展培训服务、定向招生等。① 另外，广州碧桂园凤凰酒店管理学院面向粤西粤北招生，开展订单式培养，适应广东省产业结构“双转移”的战略需要。

---

① 陈文君，符永勤．高职酒店管理专业校外实训基地模式创新探讨——以广州城市职业学院碧桂园凤凰酒店管理学院为例［J］．广州城市职业学院学报，2010（4）：66.

［案例9］

广州工程技术职业学院与日立电梯（中国）有限公司共建“日立学院”①

广州工程技术职业学院依托该院机电一体化技术专业优势，在与品牌企业日立电梯（中国）有限公司多年合作的基础上，于2011年5月签署协议，成立广州工程技术职业学院日立学院，为该公司订单培养高技能电梯人才，为日立电梯搭建了人才培养的“直通车”。校企双方共同参与人才培养过程，资源共享，优势互补，尤其是将企业最新电梯专业知识、技能提前渗透到学校的人才培养中，有效地提高了人才培养质量和效率，更好地满足了企业的人才需求。

［案例10］

广州科技贸易职业学院与广州康缇企业管理有限公司共建“康缇美妆学院”②

为加强与企业的深度合作，探索协同创新、合作育人的新模式，广州科技贸易职业学院与中国化妆品十大连锁品牌之一——广州康缇企业管理有限公司联手创建了“康缇美妆学院”。“康缇美妆学院”是广州科技贸易职业学院与康缇公司深度合作，联合化妆品行业协会、广州市科协和众多化妆品企业而成立的美妆人才培养培训机构，是“政校行企”四位一体的协同育人平台。通过构建“理事会制”体制，实现产、学、研、教、训五种教育功能，探索“多元投入、合作共赢”的办学管理体制机制；以合作开办冠名专业为依托，创新高职人才培养模式；打造全国化妆品行业“黄

① 摘编自日立电梯（中国）有限公司网站资料（http：//www. hitachi - helc. com/news/company/201168131406. html）。

② 摘编自广州科学技术协会网站资料（http：//www. gzast. org. cn/Item/2431. aspx）。

埔军校”，为行业培养连锁经营人才；是突破体制壁垒，实现校企优势互补、深度融合的开拓之举。

为充分发挥校企合作的综合效应，广州科技贸易职业学院与康缇公司本着“互尽所长、互补所需、共同分担、共同受益”的原则，在校内建立了“康缇实训基地”。基地作为实践育人平台，以企业先进的实训理念和从业人员丰富的实战经验，为学生提供优质的实训教育。学院依托康缇实训基地，探索建立实践能力强化班，并通过大力营造创新实践氛围，引导学生进入实训基地从事创新性学习、实践、竞赛等活动，促进毕业生创新实践能力的提升，为毕业创业奠定基础。与此同时，康缇公司董事长高学东发起创立了“康缇未来之星大学生创业基金会”，“基金”将致力于为广州科技贸易职业学院大学生创业提供投资、贷款、贷款担保、贴息补助、融资服务和创业辅导等帮助，激励广大学生投身创新创业实践，孵化创新创业项目，同时，鼓励受资助学生创业成功后反哺“基金”，使创业基金得以良好运营，持续发展。

（2）“1+N”模式，即某个专业（群）与多个主体合作共建专业特色学院，为多个主体订制专门人才。如广州铁路职业技术学院与广州铁路（集团）公司车辆段、火车站、广州地铁培训学院和清华紫光测控公司等多个企业合作，组建了电气化合作学院、机车司机合作学院和现代运输合作学院；广州城市职业学院与广州开发区政府、萝岗区高技能人才公共实训管理服务中心、广州旺旺集团、康师傅集团等企事业单位合作建设萝岗食品学院，与白云区政府、白云区委党校合作，共建广州社区学院白云分院（白云社区学院）。

［案例 11］

广州铁路职业技术学院与多家企业合作共建特色合作学院①

广州铁路职业技术学院依托广州工业交通职业教育集团加盟单位，以国家骨干院校重点建设的 3 个轨道交通类专业为主体，以合作育人为主线，联合广州铁路（集团）公司车辆段、火车站、广州地铁培训学院和清华紫光测控公司等企业组建了电气化、机车司机、现代运输等 3 个合作学院，深化专业建设、人才培养模式改革、兼职教师聘用、共建实习实训基地、顶岗实习和就业、职工培训和技术服务等合作的内涵，形成了人才培养方案共定、教学过程共担、实训基地共建、师资队伍共育、教学资源共建、学生考核共评的机制，将与行业企业的偶发性、单一合作上升为契约化、制度化合作，形成互惠互利、互相促进、共有发展的良好局面。

组织架构：合作学院实行院长负责制，设院长 1 人，副院长 1 人（与多个合作企业合作的则每个企业 1 人），与专业实行两块牌子一套人员，校方秘书和工作人员由专业教师兼任，实行院务委员会管理机制。合作学院的共建框架见图 5－1。

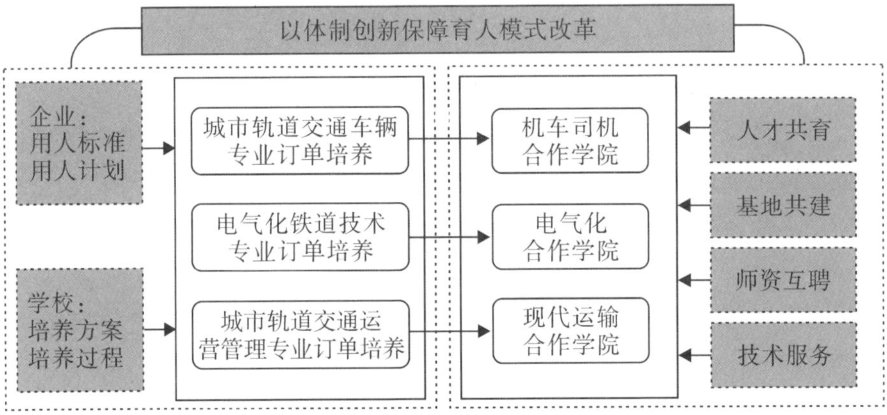

图 5－1　合作学院框架图

① 摘编自《广州铁路职业技术学院合作学院章程》、《广州铁路职业技术学院 2012—2013 学年度高等职业教育人才培养质量报告》等材料。

制度保障：学院出台《广州铁路职业技术学院合作学院章程》，明确合作学院的工作任务、主要职责、运行机制、活动形式等内容；制定《广州铁路职业技术学院合作学院运行与管理办法》、《广州铁路职业技术学院合作学院运行经费成本核算和补贴办法》、《广州铁路职业技术学院合作学院绩效评价制度》等六个制度，确保合作学院的规范和高效运行。

电气化合作学院：合作学院经历了从“订单培养”到“一主两翼”（以订单培养为主体、员工培训和技术服务为两翼）再到共建“合作学院”的探索实践，通过“双师”工作室、“教学工区”、“专业教师企业工作站”等载体形成校企合作育人的长效机制，实现了人才共育、员工培训、技术服务、实训基地共建与共享、教学资源建设与共享等各项工作的整体提升，辐射带动专业群内专业与对口支援院校在人才培养模式、教学团队培养与协作、社会服务能力建设等方面的改革与创新。依托电气化合作学院，电气化铁道技术专业成为全国铁道行业指导委员会电气化铁道技术专业教学标准制定的牵头单位。

机车司机合作学院：依托合作学院吸引了福州、青岛、常州等多个城市的轨道交通企业而洽谈开展的合作项目有 5 个；联合广州地铁，为 2015 年开通的福州地铁培训地铁司机、车辆检修工、线路检修工各 40 名；主办首届全国轨道交通车辆骨干师资培训班，为全国 12 所兄弟院校培训骨干师资 43 名。

现代运输合作学院：近三年，建成了“双师”工作室 2 个、教师企业工作站 3 个、网络课程 8 门、优质核心课程 5 门，完成特色教材 7 部；专业教师“双师”素质比例达到 90%，具备两年以上企业工作经历的专业教师达到 75%，兼职教师进校上专业课学时比例达到 50.03%；新增物流、客运、行车培训与技能鉴定 8 项，培训及技能鉴定达 5 026 人次。

［案例 12］

广州城市职业学院校企社政共建萝岗食品学院①

广州城市职业学院与广州开发区政府、萝岗区高技能人才公共实训管理服务中心、广州旺旺集团、康师傅集团等企事业单位合作共建萝岗食品学院。萝岗食品学院作为校企社政合作平台，主要培养公共营养师、营养配餐员、食品检验工、食品安全师，并作为广州城市职业学院的二级学院相对独立运作，实行理事会领导下的院长负责制，在办学共投、运行共管、成果共享等方面，探索校企社政合作办学体制机制改革。

（1）针对广东省食品行业企业发展的特点和食品营养、食品质量与安全方面的社会焦点，实施课程和资格证书一体化改革。建设职业体验平台、实境训练平台、顶岗历练平台，实施安全责任意识、文化素养、职业技能“三结合”教学过程设计，形成了基于“三平台三结合”的课程体系，发挥校企社政四个方面在人才培养过程中的作用。针对食品营养与保健、加工、检测和品质管理岗位群的能力要求，开展教、学、做一体化教学。合作各方共同负责学生管理与指导，每个顶岗实习班级都由专任教师和企业人员共同作为实习指导老师。顶岗实习实训成绩的评价由校外指导老师与校内指导老师共同完成。

（2）引入食品行业企业标准和新技术、新工艺，构建以能力培养为主线的专业课程体系，改革教学内容。课程改革中，引入广东宝桑园健康食品研究发展中心、广州旺旺食品有限公司、广州味研生物工程科技有限公司等企业的实际生产过程，培养学生职业能力和综合素质。为引入行业企业标准和企业新技术、新工艺，校企合作开发了《食品安全与质量控制技术》、《食品理化分析技术》等优质核心课程。

（3）合作共建烹饪工艺与营养实训室、公共营养实训室等校内实训室；与肇庆焕发生物科技有限公司、广州普康微量生物科技有限公司、东莞华琪生物科技有限公司、东莞华美食品有限公司、广州市名花香料有限

① 参见《广州城市职业学院 2012—2013 学年度高等职业教育人才培养质量报告》。

公司合作，建立了5家校外实习实训基地，2名教师进入企业承担相关岗位任务，学生分批轮流进入企业经营的各个环节。

（4）校企社政四方合作，开展技术服务、技能培训及鉴定，政府提供培训政策和经费投入，企业提供培训对象，学院负责培训实施，三方共投、共建、共管，签订责任共担、利益共赢、平台共建、资源共享合作协议，建立人才培训可持续发展的长效机制，以适应区域产业结构的转型升级要求。

（5）充分发挥校企双方的人才优势和资源优势，通过联合申报纵向项目和开展横向项目等的运作方式，强化技术研发、提升科研水平。目前，校企共建技术研发中心2个，为行业企业提供技术研发、技术推广服务项目10项以上，实现年社会经营服务收入100万元，申报国家发明专利5件。

［案例13］

广州城市职业学院校企社政共建白云社区学院①

广州城市职业学院与白云区政府、白云区委党校合作共建广州社区学院白云分院（白云社区学院）。白云社区学院在管理体制上进行创新，建立了校企社政参与的董事会，实行董事会制，充分发挥各自优势，探索高职院校与地方政府共建社区学院的新机制。广州城市职业学院发挥社区教育办学特色鲜明、师资丰富、专业和课程优质的优势，与白云区委党校、白云区民政局合作，共同推动白云区三级社区教育网络建设，积极开展社区工作者培训、社区居民教育、社区文化建设、社区养老服务、社区技术服务、社区发展咨询、社区管理创新研究等各项工作，提升学院的社会服务能力和水平。白云区委党校、白云区民政局等区属单位则充分发挥与社会基层、实践联系紧密的优势，为学院发展提供实践土壤。

① 参见广州城市职业学院网站资料（http：//www. gcp. edu. cn/htmldb/20111208065004. html）。

（3）“$N+1$”模式，即学校多个专业与单一企业合作共建特色学院，满足企业多类岗位人才订制需求。如广州番禺职业技术学院与海鸥卫浴用品股份有限公司合作共建“海鸥学院”。

［案例14］

广州番禺职业技术学院与海鸥卫浴用品股份有限公司合作共建“海鸥学院”①

为满足海鸥卫浴用品股份有限公司的人才需求，广州番禺职业技术学院与该公司合作共建“海鸥学院”。该院实行理事会领导下的院长负责制，理事会主席由公司方领导担任，副主席由校方领导担任；学院设院长、副院长各一名，院长由校方人员担任，副院长由公司方人员担任。根据企业生产经营及行业发展需要，海鸥学院在校方现有专业基础上设置专业方向，在专业选修课程中增设企业订单课程；海鸥学院按照订单培养模式进行培养，公司按照每年实际需求人数，在学校各年级现有专业学生中，本着平等自愿、双向选择的原则，选择和确定合作培养对象，编入海鸥学院接受订单培养。学生与企业签订协议，在学习期间，企业为学生提供奖学金2 000元/年，学生每年须到公司指定岗位义务实习一个月，折算为200小时，学生第六学期半年顶岗实习可在此公司完成。在实习期间，公司负责对学生进行管理和指导，并对实习表现进行考核。2013年3月7日，该院海鸥学院第一期订单班正式开班，第一期订单班实行跨专业组班，40位学生来自8个系（院）18个专业，由521位报名学生经过校企双方联合面试、层层选拔而产生，进入订单班的每名学生都拥有一份由企业、学校、学生三方签署的培养协议，都具有“学生”和“员工”双重身份。订单班教学过程采取学校课堂教育和企业岗位教育交替进行的模式，教学管理与质量保障实行多元管理、多方评价、多重监控，班级文化融合企业文化与校园文化。

---

① 参见《广州番禺职业技术学院2011—2012学年度高等职业教育人才培养质量报告》、《广州番禺职业技术学院2012—2013学年度高等职业教育人才培养质量报告》。

(4)“1+H”模式，即学校的某个专业（群）与某一行业合作共建行业特色学院，满足该行业的人才需求。如广州番禺职业技术学院与广州市番禺区珠宝厂商会合作共建“珠宝学院”、与广州机床工具行业协会合作共建“机床学院”。

[案例15]

广州番禺职业技术学院与广州市番禺区珠宝厂商会合作共建“珠宝学院”①

“珠宝学院”实行由政、校、企各界人士广泛参与的理事会制，学院聘请了中国珠宝玉石首饰行业协会副会长、香港宝星首饰厂有限公司董事总经理吴宏斌先生为理事长，中国珠宝玉石首饰行业协会荣誉副会长、番禺云光首饰有限公司董事长黄云光先生，中国珠宝玉石首饰行业协会副会长、香港百利贸易有限公司董事长姚文雄先生，中国珠宝玉石首饰行业协会副会长、香港新生珠宝有限公司董事长李建生先生等为副理事长，组建了由19人组成的政、校、企三方广泛参与的珠宝学院理事会。政、校、企三方联动的理事会制有效地保障了珠宝学院的人才培养质量，提升了校企合作的广度和深度，实现了“政府满意、企业受惠、学院发展”的良好局面。

(1) 理事会的推动促进了校企的深度合作，从根本上保障了人才培养质量，特别是使人才培养更具针对性，更加符合企业需求，从而保证了毕业生顺利就业。据统计，珠宝学院毕业生历年的就业率均为100%，有时还没有毕业的二年级学生就已被有关企业“预订”。

(2) 依托理事会这一校企合作平台，珠宝学院教师主动为企业服务，为企业解决技术难题，从而赢得企业的信任与支持，进而促进校企合作走向深入，促进产学研深度融合。如番禺区珠宝厂商会部分会员企业，先后

① 广州市“十一五”教育科学重大研究课题组．高职院校内涵发展研究与实践［M］．天津：天津教育出版社，2009.110~123.

捐赠价值150余万元的设备、软件，包括价格昂贵的首饰CAD设计软件、首饰企业管理软件、真空加压铸造机和真空唧蜡机等，帮助珠宝学院建设了珠宝首饰CAD设计、首饰铸造等多个专业实训室，为珠宝类专业创造了良好的校内实践教学条件，有效地保证了学生实践技能培养的需要。另外，依托理事会建立了多个稳定的校外实训基地，如广东粤宝黄金投资有限公司、广州市亿钻珠宝有限公司、皇庭（广州）珠宝首饰有限公司、广州钻汇珠宝采购博览有限公司等，为学生现场认知实习、校外实践操作、顶岗实习等提供了条件。此外，聘请具有丰富工作经验的企业工程师和技术师傅为学生现场讲解有关的技术、工艺和流程，大大缩短了从理论到实践、从学校到社会、从书本到实际的距离，大大增强了学生的动手实践能力。

（3）与理事会企业合作成立研发平台，共同推动珠宝首饰工艺及技术研究。2009年，由珠宝学院牵头申报的广东省高校珠宝首饰工程技术研发中心获广东省教育厅立项，成为广东省高职院校仅有的5个省级工程技术中心之一。广东省高校珠宝首饰工程技术研发中心是学校、行业、企业、协会共同参与的协同创新平台。

［案例16］

广州番禺职业技术学院与广州机床工具行业协会合作共建“机床学院”①

为更好地满足广州市机床行业技术技能人才需求、为广州市机床行业产业转型升级服务、提升学校专业服务产业的能力，广州番禺职业技术学院机电工程学院与广州机床工具行业协会合作共建“机床学院”。“机床学院”实行理事会领导下的院长负责制，下设办公室、教研室及研究所，协会与学校共同制订人才培养方案，协会合作企业的真实产品被确定为授课内容，校企共建校内外实训基地，由企业老总担任机床学院院长，企业工

① 参见广州番禺职业技术学院官网学校资料（http://www.gzpyp.edu.cn/news/newsDetail.do?news.numId=4989）。

程师进课堂授课，协会指派会员企业专人负责学院的事务，安排兼职授课老师并参与编写教程，提供实习岗位给订单班学员，购置培训的机床和有关设施。机床学院每年秋季在学校二年级机械、模具和数控技术等专业班中，以自愿为原则，组建机床班，根据协会企业的人才需求，实行订单培养模式。同时，从协会会员企业现有员工中招收学员进行学历教育和技能培训。机床学院属于学校与整个行业协会的合作，有别于和具体某个企业的合作，是一个新的尝试与探索。

（5）“1 + W”模式，即学校某个专业（群）与国外企业、院校合作共建的国际合作学院。如广州工程技术职业学院与瑞典斯堪尼亚（中国）有限公司合作共建“斯堪尼亚合作学校”、广州番禺职业技术学院与英国德蒙福特大学等机构合作共建“国际时尚设计学院”。

[案例17]

广州工程技术职业学院与瑞典斯堪尼亚（中国）有限公司合作共建“斯堪尼亚合作学校”①

瑞典斯堪尼亚汽车有限公司历史悠久，建厂120年，是全球最大的重型汽车供应商，专业生产重型卡车并提供运输解决方案。2010年，斯堪尼亚重型卡车全球销售利润超过奔驰、沃尔沃，位居全球第一。为满足该公司对商用车维修技术服务人才的需求，为该公司在中国的业务拓展提供人才支撑，2011年，广州工程技术职业学院与瑞典斯堪尼亚（中国）有限公司携手共建“斯堪尼亚合作学校”。该合作学校是中国第一个专门培训商用汽车专业技师的学校。合作学校采用“双主导、多协同”的办学理念，即由广州工程技术职业学院和瑞典斯堪尼亚（中国）有限公司共同主导，

① 关怀．斯堪尼亚携手广州工程技术职业学院　共建“斯堪尼亚合作学校”［J］．汽车与配件，2011（43）：57；兰先芳，张彦忠．高职课程质量保证体系的探索与实践——以广州工程技术职业学院之瑞典斯堪尼亚合作学校为例［J］．高教论坛，2014（7）：89～92；另还参考了广州工程技术职业学院网站（http：//www. gzvtc. cn/）的相关资料。

多家经销商及合作伙伴协同配合，共同培养高素质的商用汽车维修专业人才。公司提供培养专业人才所需的设备及技术支持，学院则按照公司的布局等要求装修场地，提供师资接受公司的技术培训，确保人才培养所需要的硬件与软件均符合企业要求。具体做法是：

（1）“合作学校”主要依托广州工程技术职业学院汽车专业，汽车专业的学生在第一学期结束后，经过考核选拔进入“斯堪尼亚合作学校”进行专门培训，实施订单培养模式。

（2）校企双方都成立了相对应的运行团队。公司方成立了以总经理为负责人，由服务发展总监、技术经理、市场经理、培训经理、高级教育顾问组成的项目团队，校方成立了由校长、校区主任、系主任、专业负责人、教师组成的项目团队，双方定期进行项目的总结沟通。项目团队中包括从瑞典聘请的高级教育顾问，其有10年企业工作经验、20年的教育经验，非常熟悉汽车职业教育，其每学期在学校工作4周左右，帮助学校建设实训室、开发课程等。

（3）校企共建实训基地，由斯堪尼亚公司、德国BPW车轴（梅州）公司、瑞典尼德曼公司、瑞典卡尔拉得优胜汽车修复（北京）有限公司、瑞典module公司、德国伍尔特（广州）公司提供专用设备和专用工具（总金额约350万元），由学校提供场地和部分固定设备（约80万元），双方共建了斯堪尼亚整车实训室、斯堪尼亚总成实训室、斯堪尼亚一体化教室等校内实训基地。如斯堪尼亚公司提供了卡车、客车底盘、专用工具、技术资料；瑞典尼德曼公司免费提供了两套尾气抽排装置、四套压缩空气供应装置、一套水电气集中供应装置、四套LED灯；德国BPW车轴（梅州）公司提供了车桥教具一套；瑞典卡尔拉得优胜汽车修复（北京）有限公司免费提供轮轴定位系统软件；德国伍尔特公司赞助部分工具设备；瑞典module公司提供工具车一套。众多国际知名公司参与实训室建设，使该实训室的部分设备达到国内一流水平，实训基地完全按照斯堪尼亚标准维修厂进行设计布局，同时斯堪尼亚也专门引进瑞典原厂原装的牵引车、高配巴士底盘、变速箱、发动机、专用工具、特殊设备等材料主件作为日常教学设施，配备与工厂同样的专用工具、通用工具、检测设备，使用相同的管理制度，为该专业学生和企业员工进行客车、卡车技能培训。

（4）斯堪尼亚除提供教学设备之外，还全面负责师资培训。包括：派教师到公司的总部（瑞典）进行学习，定期到斯堪尼亚上海培训中心参加相关培训，同时，斯堪尼亚也会专门邀请有多年教学经验的来自瑞典的技术培训高级顾问来学校对专业教师进行培训。

（5）成立专业教学指导委员会，企业全面参与教育教学各个环节。根据协议，校企双方商定成立由校方、斯堪尼亚公司、学生及学生家长组成的专业教学指导委员会，每年定期召开两次会议，研究解决合作过程当中出现的问题。如为保证斯堪尼亚的课程内容能较好融合到学校人才培养方案中，斯堪尼亚公司派出高级教育顾问、技术培训经理以及广东雄辉汽车公司服务经理参与修订人才培养方案，累计时间达 2 个星期；斯堪尼亚公司人员到学校汽车专业理论课堂、实操课堂了解教师授课情况；召开学生座谈会，了解学生的兴趣、爱好、特长、家庭情况等问题；查阅该专业使用的所有教材，参观学院现有汽车实训设备、电工电子实训室。经过考察和讨论，校企双方共同制订我国与斯堪尼亚人才培养体系相互融合的商用汽车人才培养方案。截至 2014 年，合作学校已经完成四个学期的教学任务，第一学期开设了人机工程学、劳动安全课程、斯堪尼亚文化介绍、重型商用车使用介绍等斯堪尼亚课程，由斯堪尼亚公司派教师授课，第二、三、四学期开设发动机系统、汽车电器系统、制动系统等技术课程。

（6）校企共同开发课程。组建由斯堪尼亚技术培训经理、斯堪尼亚高级教育顾问、卡尔拉得优胜公司培训经理、BPW 服务经理、汽车专业教师组成的课程开发团队。课程开发中，学校项目团队和斯堪尼亚项目团队经过相互了解对方的教学及培训体系，将学校课程定位为“衔接课程”，即学校课程应为学生提供从零基础到与企业培训高级课程之间的过渡。课程内的实操指导书直接采用企业使用的工厂手册，实操严格执行企业工作标准。课程内容以岗位需求为导向，突破传统的学科本位。如发动机课程中活塞的结构分析内容用于活塞设计相关工作，而在商用汽车检测维修方面则不需要，需要的是活塞直径测量方面的技能训练；机械基础中的轴承章节不再讲授轴承设计结构分析内容，这些知识在检测维修中很少用到，需要的是轴承安装、拆卸方法、调整方法、轴承故障分析等内容。目前，该专业已与企业合作开发了《质量意识》、《斯堪尼亚经营理工厂安全》、

《人体工程学》、《发动机技术（一）》、《变速器技术（一）》、《电器技术（一）》、《制动技术（一）》、《空调技术》、《制动技术（二）》、《保养技术》、《发动机技术（二）》、《传动技术（二）》、《电器技术（二）》、《电器技术（三）》等14门专业课程。同时，学校也与企业合作编写了《质量意识》、《斯堪尼亚经营理工厂安全》、《人体工程学》、《发动机技术（一）》、《变速器技术（一）》、《电器技术（一）》、《制动技术（一）》、《发动机技术（二）》、《传动技术（二）》、《电器技术（三）》、《保养技术》、《空调技术》、《制动技术（二）》等18部专业教材。

（7）采用订单培养模式，学院采用国际化的教育理念、教育内容、教育方式、实训形式，将国际通用的生产标准、产品标准、服务标准等引进专业教学中。学生不仅能够得到斯堪尼亚瑞典技术部提供的与国际领先技术同步的理论培训和实际操作课程的训练，又能获得到斯堪尼亚在中国的维修工厂甚至到海外实习的机会。如2013年暑假，学校已派学生远赴上海、厦门、乌鲁木齐等地的服务站进行为期2个月的实习。另外，2013年8月学校启动了交换生项目，选派少数学生到瑞典进行为期2个月的实习。另外，优秀学生还能获得公司提供的奖学金。

（8）承担技能培训与专业赛事技术服务任务。除了进行订单人才培养之外，“合作学校”实训基地还承担瑞典斯堪尼亚公司中国区“顶尖团队”TOPTEAM技师技能培训与比赛任务。如2012年12月，“合作学校”实训基地承担了斯堪尼亚销售（中国）有限公司“顶尖团队”技师技能比赛。实训基地提供了主要的比赛设备和工具，教师为比赛提供裁判服务（实训基地承担企业比赛技术服务任务，表明学校的校内实训条件已达到行业领先水平）；2013年3月，“合作学校”为斯堪尼亚“顶尖团队”服务技能比赛中国区第一名——合益汽车（深圳）维修服务公司东方红队，进行为期两周的亚洲区赛前培训。另外，“合作学校”实训基地利用现有设备和师资为合作企业提供卡车车身电器、缓速器、刹车等常规技术培训。

第三节 政校行企共建协同创新（育人）平台

广州市属高职院校除与政府、行业、企业合作共建专业特色学院之外，还与政府、行业、企业、国内外学校合作共建技术研发中心、工作室、校外实习实训基地、工学结合示范园、师生海外研习基地等各种产学研合作平台，推动政校行企协同创新、协同育人。

[案例18]

广州番禺职业技术学院与商会、高校、企业共建广东省高校珠宝首饰工程技术研发中心①

广东省高校珠宝首饰工程技术研发中心是广东省高职院校中仅有的5个省级工程技术中心之一。该中心由广州番禺职业技术学院主持，联合暨南大学、华南师范大学、广东有色金属研究院、中国工艺美术学会金属艺术专业委员会、中国传统工艺研究会、中国铸造学会艺术铸造专业委员会、香港金银工商总会、香港珠宝制造厂商会、广东省黄金协会等行业协会以及广州番禺云光首饰有限公司、广东皇庭珠宝股份有限公司、沙湾珠宝产业园、亚洲博闻有限公司、东莞必美宜抛光材料器材有限公司等企业联合建设。该中心通过整合社会优势资源，以广东珠宝首饰产业持续发展对原辅材料、工艺技术、管理创新、人才、信息等的需求为核心，推动广东珠宝首饰生产基础科学、共性技术及关键技术的研究，集中攻克珠宝首饰生产过程中的关键技术问题，提升科研成果的工程化水平，培养珠宝首饰生产高级技术、管理和创作人才，为广东珠宝首饰产业高效、健康、可持续发展提供有力支撑。

① 摘编自广州番禺职业技术学院网站中的资料（http：//jetdc. gzpyp. edu. cn/）。

［案例 19］

广州体育职业技术学院与企业共建“GD 高尔夫工作室”①

2011 年 3 月，广州体育职业技术学院体育服务与管理专业与高尔夫球行业知名企业——上海 GD 深圳分公司（原深圳研宝高尔夫用品有限公司）达成共建协议，正式成立“GD 高尔夫工作室”。校企发挥各自在高尔夫专业教育和高尔夫行业中的优势，共同组建了由企业高管、人力资源管理干部、技术骨干和学校骨干教师组成的“校企工作小组”，明确各自职责，共同制定运行保障制度。经过校企几年来的合作发展，GD 高尔夫工作室在教学、培训、考证、就业、研发方面均取得实效，校企形成了资源共享、人才共育、技术共研的紧密互惠的合作关系。校企合作共同开发《高尔夫球具维护技术》课程，同时，利用 GD 高尔夫在行业的影响力，共同开发高尔夫工房的相关技术标准，可为达到标准的社会人士或在校学生提供球具维护的专业证书，并在 GD 公司网站“全国工坊店”专栏搭建技师信息平台，将取得证书的学员信息放到技师专栏，为全国工坊店选择合适的人才提供信息。

［案例 20］

广州城市职业学院与白云区政府共建“白云区社会组织孵化培育基地”②

广州城市职业学院与广州市白云区民政局签订框架性协议，共建白云区社会组织孵化培育基地，成为广州市第一家校政合作的社会组织培育基地。其建立了社会组织孵化培育基地建设运营管理制度，成立了基地管理委员会和管理办公室。基地主要功能包括为入驻社会组织提供政策咨询、项目策划、资金扶持、办公场地及后勤综合管理、信息交流平台、发展能

① 摘编自《广州体育职业技术学院 2012—2013 学年度高等职业教育人才培养质量报告》。

② 摘编自《广州城市职业学院 2012—2013 学年度高等职业教育人才培养质量报告》。

力培养等服务；重点培育发展社会服务类、公益慈善类社会组织。进驻基地的社会组织有广州市白云区社会工作协会、广州城职社工服务社、广州市白云区北辰青年发展中心、广州市白云区颐年康乐老年外展服务中心、广州市白云区合壹婚姻360咨询中心等十家社会组织。基地形成了以学院为主体，以相关入驻社会组织为依托，由白云区民政局指导，共同开展社区服务的运行机制。2013年，基地信息化建设通过了广州市社会组织管理局的评估，获得白云区财政局专项建设资金和白云区社会组织评估专项资金共67万元。另外，基地还举办"白云区2013年社会组织业务培训班"、"2013年社会组织党建工作培训班"等培训项目，共培训1 500人次；承办了"2013年社区（村）级灾害信息员培训班"，为白云区18个街道、社区、镇共390名灾害信息员提供了培训。依托基地社区教育网络，基地成功举办了"白云区敬老月启动仪式暨广州社区学院白云分院老年社区教育长者艺术团成果展演"。

［案例21］

广州番禺职业技术学院与企业共建"厂中校"①

广州番禺职业技术学院建筑工程学院与优质的工程造价咨询企业——广州市百业建设顾问有限公司合作，在企业建立"厂中校"，由公司提供教学场所（100平方米）和办公设备，学校投资购置实训设备和软件，每学期安排50~60名学生在该基地进行工程造价综合实训、识岗体验教学，以及暑期熟岗实训和毕业顶岗实习。实训中，由校企共同开发综合实训指导书，共同制定学校工程造价专业学生职场体验（识岗体验）、暑期熟岗实训、毕业顶岗实习与课程标准和实训成绩考评办法，聘请公司的造价工程师作为实训指导教师，用真实的图纸、工作任务指导学生开展工程造价综合实训，学生作为企业造价部成员、招投标部成员、监理部成员，按企业标准进行管理并接受由校企双方共同进行的实训质量考核。

① 摘编自《广州番禺职业技术学院2012—2013学年度高等职业教育人才培养质量报告》。

[案例22]

广州番禺职业技术学院与国外大学合作共建海外研习基地①

2010年，新加坡南洋理工学院（简称NYP）在广州番禺职业技术学院设立了该院华南地区唯一的海外研习基地。该院每年分四批派遣老师和学生到广州番禺职业技术学院研习。截至2014年7月，该院派出18批次共944名学生、64名教师来研习基地研习。

该研习基地已成为NYP与广州番禺职业技术学院学习交流的重要平台。

（1）项目研习：NYP学生以研习基地设施和资源为平台，完成自带项目研习。

（2）交流探讨：两校就合作项目的开发、实施及课程合作多次进行专题研讨，双方教师在教育理念、课程设置、教学方法、教学管理等方面互动交流。

（3）教学合作：为NYP师生开设如眼镜设计、皮具产品开发及皮革饰品制作等特色课程；NYP学生与广州番禺职业技术学院学生共同研习和完成作品，并以视觉日记、视频、成果实物（手工皮具制品等）等形式呈现研习结果；开设了手工皮具设计与制作、时尚配饰设计与制作两门学分互认课程，每门课程20学时，由广州番禺职业技术学院颁发课程结业证书，NYP根据学生作品水平计2~3个学分。

（4）文化体验：为NYP学生开设有关中国社会文化、广州经济发展历程等的文化讲座；由广州番禺职业技术学院外语、旅游等专业的学生带领NYP学生参观地方支柱特色企业、校企合作企业、高等院校，体验岭南文化等。

（5）学生交流：NYP学生与广州番禺职业技术学院学生举行球类比赛、中秋晚会、圣诞晚会，并与来自香港的学生交流，同时，广州番禺职业技术学院派出师生赴NYP学习交流。

① 宋梅梅等．基于NYP研习基地的高职国际化人才培养模式探索与实践［Z］．广东省高等学校“创新强校工程”建设项目申报书，2014.

［案例23］

广州科技贸易职业学院与企业共建校内生产性实训基地和技术研发中心①

广州科技贸易职业学院充分发挥其在行业中有影响力的技术研发教师团队的作用，先后引入科创、绅诚等品牌企业，由学校提供场地，企业注入资金（或投入设备），双方共同组建技术、管理团队，共同建设了7个校内生产性实训中心。中心集产品研发、加工生产、顶岗实训和社会培训于一体，能够保证学生不出校门便可接受课程见习和顶岗实习，也为合作企业提供策划、设计、研发等中高端服务，以双赢为动因保证长效运行。另外，该院还与香港岭南服装研究院等企业合作，共建"岭南服装设计研究所"、"电子信息技术研究所"等技术研发中心，组织教师积极参与企业产品研发和技术创新。据不完全统计，近年来，该院与企业共建的研发中心，为行业企业开发产品近500余款，主持参与研发项目80多项。

［案例24］

广州番禺职业技术学院政校企共建学生创业产业园②

学生创业产业园由学校、企业和政府三方合作共建，共同为学生创业搭建平台。

（1）学校与广州市人社局签订共建创业孵化苗圃协议，与真功夫、中山大学生创业园、陶商城等企业签订共建校外创业基地的协议，学校、政府、企业共同助力学生创业。

（2）成立由政府、学校、企业多方专业人员组成的创业教育指导委员会，对学生创业给予专业指导。

---

① 摘编自《广州科技贸易职业学院2012—2013学年度高等职业教育人才培养质量报告》。

② 摘编自《广州番禺职业技术学院2011—2012学年度高等职业教育人才培养质量报告》和《广州番禺职业技术学院2012—2013学年度高等职业教育人才培养质量报告》。

（3）引入顺丰快递等多家企业，搭建开放式创业平台。

（4）企业设立创业基地，支持学生创业。如华好集团出资设立华好创业基金，面向全校学生，鼓励学生创新创业活动。

（5）学校专门成立了创业教育中心，帮助和指导学生创业。

（6）学校设立学生创业专项基金，资助学生创业。从2012年开始，学校年均投入近20万元开展大学生创新创业训练计划。

（7）制定《广州番禺职业技术学院大学生创新创业训练计划管理办法》、《广州番禺职业技术学院华好创业基金管理办法》、《广州番禺职业技术学院创业产业园区管理办法》等制度，规范学生创业管理。

目前，广州番禺职业技术学院学生创业产业园已经通过了广州市大学生创业孵化器项目的验收，是广州市大学生创业孵化示范基地、大学生KAB创业基地和广州市创业培训定点机构。2013年，广州番禺职业技术学院被全国高职高专创新创业教育协作委员会评为全国创业教育优秀单位。一大批学生通过创业产业园的孵化成功实现创业，由创业带动就业的职业教育理想正在变为现实。如该院工商系工商企业管理专业任宏同学毕业后在LED相关企业工作一年后就出来自己创业，成立了深圳丰升高科技有限公司。深圳丰升高科技有限公司是一家专业LED光电应用系列的综合供应商，专注于LED照明灯、显示屏、灯饰、亮化等系列产品。公司发展仅一年多就拿到国外的几个大单，平均一单业务达到2 000多万元，公司利润额过200万元。

[案例25]

广州铁路职业技术学院与政府、企业共建花都工学结合示范园①

一、建设背景

2008年底，广州铁路职业技术学院花都工学结合示范园（时称花都工

① 虹音，王向岭，陈亮波．局区校三方共建广铁职院花都工学结合示范园［N］．中国教育报，2013－10－08.

学结合基地）建设启动，学院的二级学院——机械与电子学院分三批整体迁入花都粤宝丽工业区，探索构建了“厂中校”、“校中厂”办学模式，借助地方政府提供的市场资源这把“金钥匙”，为打开学院故步自封的“脚镣”进行了探索与实践。

2013 年 9 月 17 日，广州市教育局、花都区政府、广州铁路职业技术学院三方签约共建示范园，并成立示范园管理委员会。根据共建协议，三方明确了政府、企业、学校各自在共建中的权利与义务，发挥政府的产业政策和信息优势，示范园的师资、场地、设备和人才优势，企业的项目、技术、设备优势，统筹规划示范园发展，鼓励区内企业与园内学校的生产车间、技术创新机构合作配置政府、学校、企业办学资源。

目前，园区占地 110 亩，建有 12 个标准厂房、1 栋办公楼和 6 栋员工（学生）宿舍，配套建设有运动场、学生活动室、16 间多媒体室、27 个实训车间（室），校方配套大型设备资产价值约 3 600 万元，企业资产约 2 000 万元，进驻企业 10 家，涵盖机械、电子、机电一体化、模具设计与制造等领域，与广州铁路职业技术学院所有专业群对接。

二、建设措施

（1）示范园依托数控技术、机电一体化技术和应用电子技术等专业（群），紧密对接广州市花都区大功率机车修造产业链、汽车整车及零配件制造产业链、先进制造业产业链等，与区域内的 50 多家企业建立了合作关系。通过主动联系企业，有效整合了市场资源，与企业合作研发新产品、开发新工艺、申请专利等，着力寻找与企业合作的共赢点。截至 2013 年，示范园内校企研发专利 64 个（其中，获软件著作权 2 项），横向开展课题 88 个（其中，为企业开展科技研发 71 项），为企业生产加工产品 500 余批次，直接为企业创造经济价值 4 254.32 万元。2013 年，“机电一体化专业企业顶岗培训”、“机电设备类专业企业顶岗培训”、“数控技术专业企业顶岗培训”及“工业机器人应用技术培训”等项目被立项为“高等职业学校骨干教师国家培训项目”。

（2）示范园始终坚持“多元主体、多类形式、多种机制”的方针，引企入校，政校企三方协同完善管理机制，基本形成了体现高职教育特色、符合企业人才培养需求的“管委会—项目部—‘双师’工作室”三级校企合作运作模式。该模式打破了传统的“教学系—教研室”管理架构，取而代之的是操作灵活、运行高效的项目部，下设以专业教师和企业专家名字命名、集专兼职教师协同开展的实践教学、技术研发、大赛培育于一体的“双师”工作室。在“项目部—‘双师’工作室”两级管理的基础上，该院会同广州市教育部门、花都区政府部门，依托花都区中小企业管理部门和广州铁道车辆厂等企业组成示范园管委会，三方共同制定了《花都工学结合示范园管委会章程》，明确管理委员的职责、政校企三方的权利和义务。管委会宏观指导花都工学结合示范园的建设与发展，整合政校企资源。管委会下设的3个部及其下的12个“双师”工作室，具体承接先进制造类、电子信息类的校企共建专业、校企共建课程、校企互聘师资、学生实习实训，以及教师为企业服务等任务。

（3）示范园还通过优质服务和资源共享优势，与广州铁路（集团）公司、广州地铁等名优企业建立了兼备“校外实训基地”、“厂中校”、“‘双师’素质培养基地”、“兼职教师储备基地”四大功能的16个专业教师企业工作站，拓展校企合作渠道，打造校企合作新平台。

（4）示范园通过引企入校，联合大通（广州）机械有限公司、广州大森机械有限公司、广州德创电子科技有限公司等8家企业，共建了8个“真设备操作、真项目训练、真环境育人”的生产性实训车间，形成了促进科技成果转化的“大通”、“德创”等模式。校企双方根据企业用工需求，共同制定人才培养规格和用工标准，共同制订、修订学院的教学计划和企业的培训计划，真正实现了专业人才培养方案与产业的配套，解决了工与学、产与教的结合问题。2011年，政校企三方共建的“厂中校”、“校中厂”办学案例，入选国家教育部门示范性高职院校建设四周年成果展。

（5）学院遵循高职教育发展规律，根据产业结构调整升级对高端技能型人才的素质能力要求，紧紧围绕“培养什么样的人才、如何培养人才”这两大根本问题，按照企业用人标准修订人才培养方案，以资源优势互补为原则，以制度建设为保障，以政校企三方共建为突破口，引进企业生产线和项目，联合企业共建生产性实训教学设施，探索实践“产教一体、寓学于工”的人才培养模式。在示范园里，教学对接企业的生产过程，分段组织实施，以企业产品为课程教学的项目载体，校企合作开发生产性实训课程，共同构建“教学与生产一体、教师与师傅一体、学生与员工一体、作业与产品一体”的运行机制。

(6) 学院以校企合作体制机制创新为切入点，按照“环境职场化、设备生产化、功能多样化、使用开放化”的建设思路，在“校中厂”、“厂中校”合作办学模式的框架内，建立了校企合作共育人才的运行机制，明确合作相关方在高端技能型人才培养中的义务与权利、责任与收益，以实现校企人才共育、设备共享、技术共享、文化互补、管理互通，促进校企深度融合。

(7) 示范园开展社会化技能鉴定、行业企业考评、职业中介机构评价、专业能力考核等人才培养评价方式，实现“评价标准多元化、评价方式多样化、评价主体多极化”，全面发挥生产、实训、培训、技术研发和技能鉴定“五位一体”的综合功能，达到“人才培养质量高、企业生产效益好”的互利共赢目标。从2011年起，广州铁路（集团）公司湖南联创技术发展中心与学院开展互派互聘，一方面聘用该中心技术骨干到学院担任专业课兼职教师，另一方面派遣学院教师到该中心开展企业实践，提升专业技能，并发挥本身教学科研、技术攻关等方面的优势，帮助企业解决实际问题。通过互派互聘，该中心筑牢了深度融合的可持续校企合作平台，形成了互利共赢的好局面。该中心把示范园作为员工培训基地，大规模派出员工到示范园培训，并每年招收该院毕业生，用该中心总经理常公平的话说，广州铁路职业技术学院的学生素质高、实践技能好、能吃苦、脑筋活，为联创中心的“稳定、发展、提高”提供了坚实的人才保障；学院为联创培训员工，使他们学以致用，提升了专业技能，获得了广州铁路（集团）公司领导的肯定与赞赏。由此，示范园“校企合作体制机制建设、生产性实训基地建设、人才培养模式改革”三项工程得以全面、深入、长效地发展，形成良性循环。

三、建设成效

如今，示范园已成为联系地方政府与企业的纽带，已建成校企合作的示范基地，国家与省、市职业教育师资培养基地，农村劳动力转移培训基地。其在校企合作培养人才、合作培育师资方面的经验，受到社会及上级主管部门的高度关注。省教育部门领导考察示范园后指出，这是对高职院校“校企合作、工学结合”一个很好的实践，学院提出的“产教一体、寓学于工”人才培养模式是对“校企合作、工学结合”的进一步具体化和可操作化，定位准确，方向正确。上海市教育科学研究院副院长、高职教育发展研究中心主任马树超研究员考察示范园后，对示范园建设从理念、模式和特色上给予了高度评价，并指出学院要以示范园为突破，打造中国特色高等职业教育的时代版本。

示范园已成为学校对外展示校企合作办学体制创新及“产教一体、寓学于工”人才培养模式改革成果的“窗口”。其合作办学体制机制改革成效也作为典型案例，入选教育部国家示范校建设暨职业教育成果四周年成果展。截至2013年，示范园的1 700多名学生，在各类技能竞赛中获得省级以上奖励76项，获取各类专利49项；广州铁路（集团）公司、广州地铁、深圳地铁、珠江钢管有限公司、广东美的制冷设备有限公司等众多名优企业上门预定毕业生或开设订单班，学生总就业率达99.85%。

示范园的建设成果受到《人民日报》、《中国教育报》、《中国青年报》、新华网、中国高职高专网、《南方日报》、广东电视台等多家权威媒体的广泛报道，受到社会人士一致好评。

［案例26］

广州铁路职业技术学院“四合一”“双师”工作室建设①

一、建设背景

为激发校企合作的动力、深化校企合作内涵、全面提高教师的社会服务能力、建立紧密型的校企合作办学体制机制，学校面向区域产业集群，融入区域产业基地，探索实现教育与生产劳动、社会实践相结合，学习与工作相结合的教学模式，并依托实训室，由学校名师与企业能人姓名共同

① 蒋新革等．以职教园区为平台探索提升职教资源配置效益的动力机制［R］．广州市高等学校第四批教育教学改革体改项目结题报告，2013.

冠名建立31个“双师”工作室，制定和实施“双师”工作室建设管理、项目管理、专项经费、考核细则及评估奖励等五个管理办法，实行“校企双主体”负责人制，每年设立30万元工作室专项经费，激励学校名师与企业能人参与工作室建设；每年实施年度绩效考核，切实发挥“双师”工作室的作用。“双师”工作室作为校企合作平台，实现了“生产性实践教学、大赛培育、技术研发、师资提升”四合一功能，促进了人才培养、技术研发和社会服务的有机融合，找到了校企双方的利益结合点。

二、建设措施

学校结合各二级学院系专业发展特点，遵循“服务企业、专业引领、实践探索、联企发展”的原则，推动专业教师融入校企合作中，深入专业实训室，建立以企业能工巧匠、学校教师一起命名的教师工作室，逐步做到生产性实践教学、大赛培育、技术研发、师资提升的“四合一”。

（一）建立完善的运作模式

对学校的能人和带头人用工作室冠名的形式给予尊重和重视。以教师姓名命名的工作室将工作室的建设与教师本人声誉联为一体，将最大限度激发教师主动作为的潜能，提升教师的工作动力。

为达到将企业项目与实训教学有效结合的目的，学校出台了《教师工作室管理办法》、《教师工作室企业专项项目引进实施办法》等五个专项管理制度。管理办法明确了教师工作室的设立、项目申报和个人负责制实施细则等，便于对接区域产业需求，推进“校企合作，工学结合”实践，有利于教师主动引入企业项目。

适时出台教师工作室考核细则。从三个方面来考核教师工作室的绩效：为社会服务创造经济效益，引导工作室教师主动对接区域经济需求；技术创新成果，产生吸引企业参与的动力；学生实训受益面，落实建立工作室的目的，保证工作室的三个功能相互促进、协调发展。

（二）多渠道筹措资金

学校积极争取上级主管部门的支持，在年度实训室建设规划中制定政策，对工作室提出的重点建设项目予以倾斜，优先支持。主动联系企业，由学校按照企业产品研发室建设要求提供场地、装修、管理及部分设备，企业提供部分设备及研究项目，合作共建工作室。工作室作为相对独立体，主动服务于企业产品提升，接受企业委托项目，利用企业提供的项目研发资金购置设备。

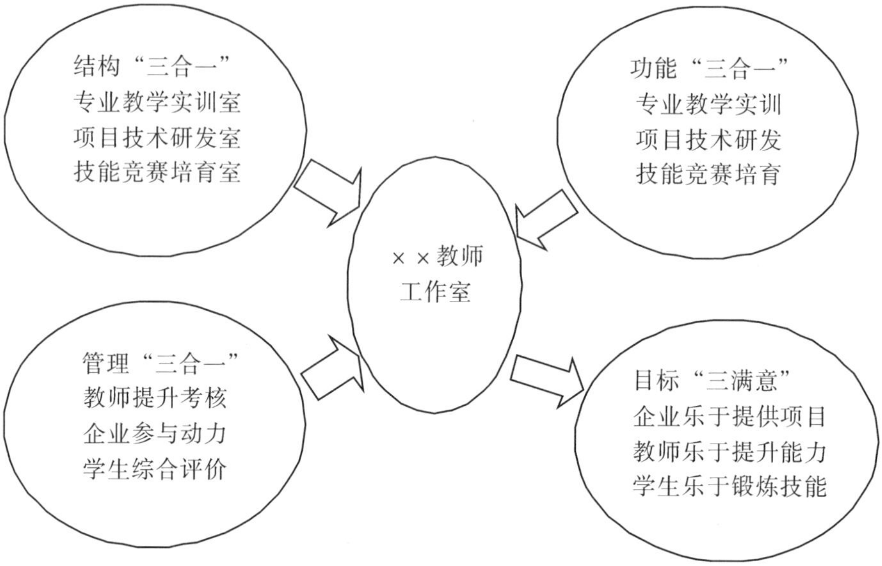

图5－2　“四合一”“双师”工作室示意图

三、建设成效

（一）创新了“校企合作、工学结合”的人才培养模式

通过建设教师工作室，引企入校，探索形成了“教学与生产一体、教师与师傅一体、学生与员工一体、作业与产品一体”的人才培养模式。在人才培养中，学校将企业真实任务作为教师技术研发课题、技能竞赛培育项目、学生生产性实训内容，使学生学习过程成为完成工作任务的过程。

（二）创新高职院校实训室管理机制

打破原有学科体系体制模式，创新实训室管理理念，积极探索有利于学校的能人和带头人发挥作用的管理新体系。学校一改原有按照系、教研室对照专业设置实训室的做法，设置以教师姓名命名，按照“四合一”功能定位，实施真设备操作、真项目训练、真环境育人的“三真”教师工作室，实现从注重教学内容创新向注重过程教学的转变，激励教师工作的积极性。为保障教师工作室良性运行、健康发展，学校配套出台有关规定，创新学校实训室的管理机制。

（三）为学生能力提升搭建平台

学校可利用教师工作室引入企业技术攻关项目，作为学生的生产性实训工作项目，让教学过程和生产过程融合在一起，并结合工作项目开展职业技能竞赛，这可解决现代制造业专业群人才培养中生产性实训的难题。借助企业项目培育，学校学生参加国家、省、市职业技能竞赛，多次获奖。工作室的建立打造了“优势互补、动态组合”的校企合作平台，为学生的技能培养奠定了良好基础。

（四）为教师能力提升、解决企业难题创造了途径

教师工作室管理制度将教师联系企业与工作职责、教师服务企业与个人业绩、教师成果转化与个人收入相结合，工作室考核政策引导教师主动服务企业开展技术研发，以小发明、小创造为抓手，促进校企合作。如“张茂贵”工作室，成立仅三个多月就为企业提供技术服务近20多项，先后为中小企业开发了遥控电子显示屏、全自动果蔬消毒消洗机、农药降解控制装置等5项产品，并已被企业批量生产。“双师”工作室的建设，实现了教师与企业真实项目的直接对接，激发了教师的项目研发潜能，提升了教师专业开发能力，为教师专业成长和发展提供了不竭动力，校企双方实现了互利共赢。

近年来“双师”工作室共引入合作企业50余家，提供企业技术服务近100种，获得专利120余项，获得省级大学生创新创业实践项目48项，培育学生参加技能竞赛获国家及省、市级奖100余项。

第六章　创新管理机制，走特色兴校之路

广州六所市属高职院校发挥各自的管理体制优势，创新管理机制，增强办学活力，走特色兴校之路。

第一节　广州番禺职业技术学院：走以质量为核心的内涵式发展道路

基于对高等职业教育办学历史的考量，基于对大众化高等教育背景、高职教育价值取向等基本理论问题的思考以及对高职教育乃至学院发展中面临的主要矛盾关系的梳理，广州番禺职业技术学院提出走以质量为核心的内涵式发展道路的理念，强化内涵建设，实现了规模、质量、结构、效益的协调发展。学校的专业与课程建设水平、人才培养质量均处于同类院校前列，实现了招生与就业两旺的局面，毕业生最终就业率一直保持在99%以上，招生录取分数线连续多年领跑全省同类院校，近几年普通高考类最低投档线超过本省二本B线。

一、以质量为核心，探索现代院校治理结构改革

结合高职教育的基本特征以及学校发展面临的主要矛盾和任务，学院始终将保证和提高人才培养质量作为内涵建设的核心，并将之作为办学的基本价值取向。以此为核心，不断探索现代高职教育发展理念。如基于“以服务为宗旨，以就业为导向，走产学研结合之路”的职业教育办学方针，确立了“服务性、职业性和开放性”的办学指导思想；基于用人单位的人才需求和学生的成才需求，将人才培养目标确立为“一技之长+综合

素质”的技术技能人才，这不仅为学生的职业或职业资格做准备，而且为学生的职业发展奠定基础；基于职业教育的基本价值取向、岭南文化传统及学校的办学特点，将校训确立为“学以致用”。同时，为确保以上教育教学理念能有效落实，学院强化内部治理结构与制度改革，探索建立现代学校制度，促进各种办学要素有序流动，提高资源的使用效益，促进政校行企协同育人、协同创新。具体包括：探索建立由政校行企共同参与的理事会制，吸收社会力量参与办学；进行院系调整，通过组织再造释放学院的办学活力和教职工的创造力；探索建立校企共建二级学院的理事会管理机制；完善国际交流与合作机制、自主创新与社会服务机制等。

二、多途径推动产学研合作，探索校企合作长效机制

为提高人才培养质量，落实“服务性、职业性和开放性”的办学指导思想，该院多途径推动产学研合作。

（1）成立专业指导委员会，建立产学研合作平台。学院制定了《广州番禺职业技术学院专业指导委员会章程》，要求各专业加强与企业的联系，积极吸纳企业的管理和技术骨干，组建专业指导委员会。来自行业企业的专业指导委员会委员参与人才培养全过程，包括人才培养方案制订、课程建设、教材建设、教学评价、顶岗实习等。

（2）聘请行业企业专业技术骨干、高级管理人员、能工巧匠担任学校兼职教师，承担专业课教学、实习实践指导等教学任务，为学生作专题讲座等。

（3）接受企业捐赠，共建校内生产性实训基地。

（4）接受企业授权，开展相关职业资格考证工作。如锐捷网络公司在学院设立锐捷网络大学分院，公司授权学院进行锐捷认证网络工程师（RCNA）、锐捷认证资深调试工程师（RCCP）的培训和考证工作。借此，学院在人才培养工作中将考证内容与课程内容相衔接，将考证标准与课程标准相衔接，提高人才培养的针对性。

（5）校企合作开发教材，校企共同开发教材百余部，其中数十部教材入选国家规划教材。

（6）实施“订单培养”。开办了“海鸥班”、“云光班”、“唯康班”等

一系列订单培养班，以满足企业人才“订制”要求。

（7）承接企业订单，实施“教学工厂”式教学，提高学生的实践动手能力。如机电系与广州特升玩具有限公司签订玩具汽车装配合同，公司指派工程师对负责品质控制和生产线运作管理的同学进行具体的岗前培训，由企业提供生产设备、原材料，产品装配、检验等流程完全按照企业标准，产品经企业检验合格后，由企业投入市场销售。

（8）与行业企业共建专业特色学院。如与行业企业合作共建了“珠宝学院”、“华好学院”、“海鸥学院”、“机床学院”、“百果园学院”等特色学院。①

三、基于多元利益主体需求，构建教学质量管理新机制②

学院针对高职教学质量管理的核心方面，从七个方面探索构建高职教学质量的管理新机制。

1. 构建由多元利益主体参与的人才培养方案制订与实施机制

（1）充分吸收由多元利益主体参与的学院专业人才培养方案的制订。首先，通过研究包括政策文件、经济社会和行业发展数据以及一些研究文献等资料，获取专业人才培养的基本信息。其次，充分调研，了解用人单位的人才需求和学生的成才需求。最后，成立由政府管理部门的专业人士、行业企业技术（管理）骨干、优秀毕业生代表和教师组成的专业指导委员会。以其为工作平台，各种利益代表从不同角度共同研讨专业人才培养方案，保证尽可能地反映多方利益主体需求。

（2）充分吸收由多元利益主体参与的人才培养方案的实施。第一，政校行企合作共同开展以工学结合为切入点的人才培养模式改革，构建适合专业人才培养要求的人才培养模式。第二，政校行企共建校内外实训基地、共建“双师”教学团队。第三，与行业、企业共建二级学院，企业全程参与专业人才培养方案的实施。第四，利用学生评教委员会等多种信息

① 广州市“十一五”教育科学重大研究课题组．高职院校内涵发展研究与实践［M］．天津：天津教育出版社，2009. 61～66.

② 王晓敏等．基于多元利益主体需求的教学质量管理机制［Z］．广东省第七届高等教育教学成果科学总结，2013.

沟通渠道了解学生对专业人才培养方案实施过程中的意见和建议，并在专业人才培养方案的修订中予以吸收。

2. 构建由多元利益主体参与的专业建设与改革机制

专业建设的整个过程始终由多方利益主体共同参与。如在专业设置上，紧贴地方经济社会发展要求，广泛征求政府、行业、企业人士的意见，同时对潜在的“顾客”——高中生和中职生进行调查，在充分调研和论证的基础上，有选择地设置专业；对于招生、就业不理想的专业，向用人单位及学生进行调研，及时了解他们的意见和建议，或取消该专业，或调整专业方向，或深化专业内涵；对于行业企业、学生认可度高的专业，加大建设和投入力度，通过政校企协同、专业群协同，深化专业内涵建设，提高专业建设水平。

3. 构建由多元利益主体参与的课程建设与改革机制

课程是学校教育的核心。因此，在课程建设与改革方面，该院充分关注多方需求，充分吸收多方利益主体的参与。围绕“一技之长 + 综合素质”的人才培养目标，按照基本素质课程与职业能力课程相融通的原则，构建了“综合素质课程 + 职业能力课程”的体系，加大了对学生（课程的显性顾客）综合素质以及职业核心能力、职业可持续发展能力的培养力度，提高了学生的社会适应能力，为用人单位（课程的隐性顾客）培养了高素质的技术技能人才。同时，也突出了学生根据自己职业发展兴趣、自主选择课程的权利。在课程建设与改革过程中，一方面与行业企业充分合作，吸收行业企业的专业人士参与课程开发，包括召开工作任务与职业能力分析会、制定课程标准、编制教材、探索课程教学模式改革；另一方面，征求学生对课程标准、教材的意见，并在课程教学实施过程中，通过各种途径收集学生的意见和建议，及时调整课程标准、教材、教学方法。

4. 构建由多元利益主体参与的教学质量评价与监控机制

（1）重视教学活动的主体——学生对教学质量的评价和监控。学院通过学生教学评议委员会、学生座谈会制度、学生网上评教制度等，多渠道、全面地了解学生对改进学校教学质量的意见。

（2）建立了同行、督导及领导等多主体的教学听课、评价制度，并在实践中不断完善教学督导制度。2011 年构建并运行了校、系二级教学督导工作机制，建立了一支校内专职与兼职相结合的教学督导专业队伍，全方位、全程地监控教学实施情况。

（3）建立社会第三方教学质量评价制度。制定专门的社会评教标准，请行业、企业代表对学院的专业教学质量予以评价。另外，委托麦可思公司对学院毕业生质量进行跟踪调查，形成毕业生质量评价报告，从社会用人单位的视角审视学校的教学质量，以此作为改进教学质量管理的重要依据。

5. 构建基于多元利益主体需求的教学质量持续改进机制

教学质量是一个发展概念，建立教学质量持续改进机制是教学质量管理的重要内容。

（1）以人才培养质量报告为抓手，全面审视并改进包括教学质量在内的人才培养质量机制。一方面，在质量报告撰写的视角上充分体现多元利益主体需求，在质量指标设定上充分反映不同利益主体关心和关注的质量问题；另一方面，充分发挥人才培养质量报告的抓手作用，发挥其质量管理功能，通过质量报告的撰写过程，分析人才培养中存在的问题，研究、制定改进意见，以此建立包括教学质量在内的学校人才培养质量持续改进机制。

（2）以人才培养状态数据采集平台为手段，全方位监控包括教学质量在内的人才培养工作状态全方位监控学校教学质量状态，以此促进包括教学质量在内的人才培养质量机制的持续改进。

6. 构建“主辅双线，三方互动”的利益相关者的利益冲突平衡协调机制，创建了新的教学管理模式

基于多元利益主体对高职教学管理的多样诉求，运用系统论的方法，构建了“主辅双线，三方互动”的平衡协调各个利益相关者的利益冲突的教学管理模式。“主辅双线”指以学院为主线，“顾客”为辅线，学院和“顾客”共同参与教学管理，使教学管理从校内向校外延伸。“三方互动”指使学院（人才的输出者）、学生（人才）、用人单位（人才的接受者）三方在教学管理的各个方面相互协调、相互交流。该模式打破了由学院单向操纵教学管理的封闭体系，强调以学院为主导、以学生为主体，以用人单位、政府为支持，使各利益主体通过有效的磋商协调、合作博弈的方

式，最大限度地发挥各自的主体作用，平衡各利益主体之间的利益诉求，从而提高教学质量管理的效能，促进整体教学质量管理目标的实现。

7. 构建由多元利益主体参与制定教学质量管理制度的机制

教学管理制度既是教学管理思想、观念的外显形式，又是教学管理实践的行动指针。该院围绕“一技之长+综合素质”的培养目标，在遵循由国家教育主管部门制定的宏观教学管理的政策法规的前提下，将多方利益主体的期望和利益诉求融入教学质量管理制度制定的全过程中。

第二节　广州铁路职业技术学院：走政校行企共建之路[①]

广州铁路职业技术学院充分发挥学校行业背景深厚的办学优势，依托铁路行业企业，走政校行企共建之路。

一、实施“123”校企合作发展战略

成立1个职教集团、实现2个共建、成立3个合作学院，打出“123”校企合作体制机制创新组合拳，走政校行企共建之路。

（1）1个职教集团：学校联合130余家企业、行业和院所，按照理事会管理体制组建广州工业交通职业教育集团。

（2）2个共建：一是在广州市政府的主导下，广州市政府与广州铁路（集团）公司达成政企共建学校协议，政企各负其责、各司其职，创新校企合作办学体制机制；二是联合花都区政府、广州市教育局和职教集团常务理事会企业，局区校共建花都工学结合示范园，实行“管委会—项目部—‘双师’工作室”管理机制。

（3）3个合作学院：学校城市轨道交通车辆、电气化铁道技术、城市轨道交通运营管理3个重点专业（群），联合广州工业交通职业教育集团紧密型合作企业，共同成立机车司机、电气化、现代运输三个合作学院，合作培养人才、合作开展技术服务。

二、建立校企人才“互派共育”机制

学院依托广州工业交通职业教育集团，与以集团内企业为主的50多家单位签订合作协议，制定了《校企双方工作人员互兼互派制度》等12项制度，明确了校企双方在人才互派共育中的责权利，形成了校企人才“互派共

① 参见《广州铁路职业技术学院2012—2013学年度高等职业教育人才培养质量报告》。

育”机制。对专业教师，学院修订完善了《教师下企业顶岗实践管理办法》等教师工作、管理考核及津贴分配办法，将专任教师服务社会工作量按30%计入教师年度工作量和业绩考核中，进一步将专业教师下企业顶岗实践制度化、规范化，先后有145名专业教师在“校中厂”、“厂中校”及与专业岗位群对接的广州铁路（集团）公司、广州地铁、湖南铁路联创技术发展中心等企业开展顶岗实践，在企业建立29个企业工作站，与企业联合开展以应用技术研究、新工艺开发为主要内容的技术服务168项，提出并被企业采纳的合理化建议43项，61人受聘为行业、企业技能鉴定专家，累计为企业提供技师、高级技师培训鉴定900人次以上。专业教师下企业实践锻炼，不仅提升了专业实践技能，同时成为颇受企业欢迎的“教、学、做”一体化工程师。对兼职教师，学院制定《兼职教师聘用实施细则》、《兼职教师专项基金管理办法》等制度吸引兼职教师进校任教，建成了一个804人的兼职教师库，聘请行业企业高级专业技术人员，组建了一支35人的教学质量监控与评价队伍、一支28人的企业专业带头人队伍、一支29人的企业骨干教师队伍、一支20人的客座教授队伍。这些企业人才承担了学校50.01%的专业课授课任务，通过专业教学指导委员会等参与教育教学、人才培养模式改革、专业建设、实践教学等人才培养工作，将深厚的企业文化底蕴、鲜活的实践经验、生动丰富的现场知识传授给学生，受到学生的欢迎与好评。学院还制定政策鼓励兼职教师积极参与各项人才培养工作，产生了4名院级企业名师、14名优秀兼职教师，这些兼职教师已成为学院宝贵的人才资源。

目前，校企间形成了“互兼工作岗位、互派专业人才、互聘技术职务、共同培育人才、共同解决生产技术问题”的人才共育共享机制，实现了校企互利双赢。例如，湖南铁路联创技术发展中心是与学院紧密合作的企业。2013年，学院以“2+1”校企交替工作形式选派10名教师到该企业所辖高铁沿线的4个站点全职开展实践锻炼。下企业教师在一线工作收集千余张现场图片等资料作为教学素材；成立3个QC小组帮企业加强日常生产质量监控，共同研究5项技术改造与攻关课题；向企业提出并被采纳的合理化建议26项，解决9项高技术难题；为企业量身订制3期员工培训班，培训近百人次。企业则派出7名高技术人才到学院兼职教学工作，参与学院“订单班”人才培养方案的设计开发，开展7场次的铁路企业文化校园行活动；推荐学院聘请的203名高技术骨干，以“师带徒”的形式指导在企业顶岗实习的学生。

三、建立学生顶岗实习“五统一”管理制度

广州市政府与广州铁路（集团）公司签署协议共建广州铁路职业技术学院，把订单培养轨道交通类高端技能型人才纳入建设和发展的规划之中，共同建立了“五统一”顶岗实习保障机制。一是统一接送学生。由广州铁路（集团）公司统一将学生接送到铁路沿线32个站段。二是统一将学生按新员工对待。落实学生的实习岗位就是今后的就业岗位，指定企业师傅为学生的实习负责教师，学校教师转为辅导教师。三是统一安排课程。共同穿插并完成针对实习岗位开发的课程。四是统一保障安全。统一为学生购买实习责任险、开展不间断的安全教育。五是统一安排生活。企业与学校共同出资在工作场所附近建设学生的实习生活区，统一负责保障学生的食宿。共同落实学生在广州动车段、广州车辆段、广州客运段、广州机务段、广州供电段、广州市地下铁道总公司等企业开展顶岗实习的能力培养，实现与就业岗位无缝对接，确保毕业生就业专业对口率，如该院2013届毕业生就业对口率达92%。

四、建立多方参与的人才培养质量保障与监控体系

以提高人才培养质量为落脚点，建立了各个教学环节的质量标准系统、质量监督系统、质量评价系统和反馈调控系统以及相对应的运行保障机制，形成了教学从管理、检查、督促、反馈到整改的质量保障闭环系统，构建了学校、企业、第三方机构、二级学院、学生等多方参与的人才培养质量监控体系。监控体系围绕学院人才培养过程，以内部质量保障为主体，从教学工作和学校管理两个方面，深化二级目标管理改革、强化院系两级督导“督教、督学、督管”功能，深化人才培养模式、教学组织、教学方法、教学手段等教学改革。通过听课、教学检查、学生座谈会等多种形式开展人才培养质量评价活动。通过人才培养质量监控体系的运作，逐步解决体系中涉及的组织、制度、方法和技术问题，较好地发挥质量保障体系的质量决策、信息预警、内外监控、状况公示、结果反馈、过程调节等功能。

第三节　广州城市职业学院：走高职教育与社区教育融合发展之路[①]

广州城市职业学院发挥在成人教育方面的传统优势，依托高职教育优势资源，主动参与广州社区教育和学习型社会建设，开展社区教育与服务，推动广州学习型社会建设，实现高职教育与社区教育的融合发展。

一、构建三级社区教育网络，探索社区教育管理新机制

经广州市编制委员会批准，学院成立了“广州社区学院”、“广州市社区教育服务指导中心”，承担起广州市社区教育的指导、服务和培训职能。学院先后与全市12个区县和市团校共同成立了13个社区分院，与40多个街镇共建社区学校，并在社区建立社区教学点，构建起覆盖全市的“区县—街镇—村居”三级社区教育网络。

成立校企社政合作发展理事会，制定《广州城市职业学院校企社政合作发展理事会章程》和搭建组织架构。理事会由学院和广州市政府相关部门、主要合作企业（行业）、社区组织、合作院校等共62家单位组成，建立“一办四委”工作运行机构，即办公室、专业建设指导委员会、基地建设指导委员会、教学团队建设指导委员会、社会服务能力建设指导委员会。依据《广州城市职业学院校企社政合作发展理事会章程》，制定了四个委员会的工作条例，充分发挥合作各方在办学投入、人才共育、责任共担、过程共管、利益共享、协同就业等方面的作用。

学院成立了社区教育专家咨询委员会，由中国成人教育协会学术委员会主任、华东师范大学叶忠海教授任主任，市属相关部门、试点区等单位领导和高校的专家学者担任委员，并整合各方面的资源和力量。同时，组建学院社区教育工作委员会，还与白云、花都等共同组建由学院、企业、

---

① 参见《广州城市职业学院2012—2013学年度高等职业教育人才培养质量报告》。

社区、政府等参与的社区分院合作发展理事会，与区县签订合作共建发展的战略协议，由双方派出人员共同组建社区分院的组织架构，建立相应的运作和管理制度，形成共同发展、合作共赢的工作体系和长效机制。

二、职业教育与社区教育结合，共推广州学习型社会建设

学院承担了广州市国家教育体制改革试点项目——推进广州学习型社会建设中的社区教育发展任务，广泛调动校内外各方面，尤其是区县的力量来申报和承担子课题。各区县社区分院（分校）、高校、中小学、社工机构、协作单位和校内各部门等承担社区教育项目 178 项，参与人员达 2 435 人次，通过校企社政合作，有效整合了广州地区的社区教育资源和力量，共同推进广州社区教育的发展。

组织师生，结合专业，开展商贸知识进社区、计算机知识进社区、英语知识进社区、食品营养知识进社区、旅游知识进社区、汽车维修知识进社区、法律知识进社区等各类教育活动。同时，结合各类主题教育活动，广泛组织学生参加读书活动月、科教文卫“四进”社区、文明社区、文明家庭创建、国学进社区、亚运会、亚残运会等各类教育志愿服务。全院师生参与社区教育活动达 48 万人次，覆盖全市 12 个区县 40 多个街道，服务社区居民达百万人次。

根据社区教育工作者专业发展的要求，通过广泛调研和深入论证，学院制定了社区教育工作者能力标准和课程模块，先后为各区县培训社区教育工作者近万人次，有效提升了社区教育工作者的整体素质和工作能力。2013 年 1 月，广州市教育局批准在学院成立广州市社区教育工作者继续教育培训基地。

主动向居民开放教育设施，使学院成为社区居民的学习活动中心。其中，图书馆主动上门为附近机关干部、企业员工、社区居民办理借阅证，免费开放图书借阅和电子资源服务，共建社区图书室 13 个，赠送各类图书、期刊 20 000 多册，赠送书架、期刊架、阅览桌椅、门禁系统等图书设备。充分利用学院的国学资源特色和优势，以学生社团为依托，积极推进国学进社区活动，与多个区街共建国学社区，共同开展国学讲座、经典诵读、茶艺表演、古筝演奏等活动，建设具有岭南文化特色的国学幸福社区。

三、发挥高职专业与课程优势，建立社区教育资源库

调整专业结构，突出社区教育职能。学院重点开设了社区教育和管理方面的专业，如社区工作与管理、物业管理、城市园艺、食品营养等。同时，学院专门制定了《关于将社区教育与服务融入高职人才培养体系的意见》，要求在专业人才培养方案中融入社区教育的理念，在专业课程体系中增加社区教育的内容。①

依托高职院校的课程资源优势，开发各类社区教育课程资源，组织教师开发职业技能、生活休闲、文化素养三大系列的社区教育课程 171 门，建设食品安全、就业创业、国学等 26 个资源库，建成面向全体市民的社区教育网站，引进 2 000 多门优质社区视频课程，并组织教师深入社区，直接为居民授课。这种形式深受居民欢迎，并形成了社区本位、需求导向、动态生成的社区教育课程开发模式。

---

① 赵小段．高职教育与社区教育融合发展的探索与实践［J］．淮海工学院学报（社会科学版），2011（15）：61～62.

第四节　广州体育职业技术学院：实行“校队合一”的管理模式[①]

广州体育职业技术学院不断探索新时期我国竞技体育人才培养“体教结合”的新路子。2009年11月，经广州市人民政府批准（穗编字〔2009〕295号文《关于市体工队并入广州体育职业技术学院等问题的批复》），广州市体工队并入学院。学院实行“一个机构、两块牌子”模式，承担了高职教育、竞技体育、服务培训、国内外交流等四大任务，实行“校队合一”的管理机制。通过统一管理、共享师资场地、经费多元投入，建立体育特色鲜明、符合学院与运动队合一运行规律的组织架构和运行机制；强化校内协同育人的责任，融高职教学与竞技体育训练为一体，实现“双主体”共同育人。一方面，对运动员而言，在进行竞技体育训练的同时，学院也将他们的文化学习作为提升竞技训练指标来抓，确实保证运动员“学习训练两不误”；另一方面，学院各专业利用“校队合一”的体制优势，充分整合和运用双方优势资源，实现了教师“双职能”（教学与训练）、场馆（所）“三功能”（教学、训练、服务）、学生“双身份”（学生、运动员）。经过几年的探索，学院形成了市体工队与高职办学资源共享、人才共育、过程共管的良性发展机制，为我国体育高等职业教育的发展积累了宝贵经验。

一、校内机构承担“竞技体育”和“高职教学”双职能

从机构层面深化“校队合一”的管理体制，强化校内机构协同育人的责任。如高职教学行政处不仅对高职日常教学、专业建设进行管理，而且对附属学校的中小学教学进行宏观管理；训练管理处不仅对运动队的训练工作进行管理与指导，而且对运动训练项目的教学进行管理与指导；行政

① 参见《2013年广州体育职业技术学院省级示范性院校建设方案》。

后勤处与校内体育产业发展中心、体育文化交流中心不仅组织实施学院体育场馆对社会开放与服务的工作，而且有计划地组织体育产业专业人员完成高职教学课时的任务及指导实习实训；体育医院与体育保健与康复系不仅进行医疗保健、运动队医疗监护等工作的组织与管理，而且有计划地组织医师、技师等专业人员完成高职教学课时的任务及指导实习实训；体育术科教学部不仅组织15支运动队的教练员落实竞技专项训练计划，完成训练和竞赛任务，而且有计划地组织教练完成高职教学课时任务及指导实习实训。

二、实行“一师双岗”制度

充分发挥“校队合一”的体制优势，实行“一师双岗”制度，即专任教师设置教学和校内实训基地两个工作岗位，教练员、医师、科研人员等专业技术人员设置专业技术岗位和高职兼任教师两个工作岗位。由此实现高职教师与运动队教练、医师、科研人员的双向流动，互兼互聘。

三、实现办学投入的多元化

广州市编委《关于市体工队并入广州体育职业技术学院等问题的批复》（穗编字〔2009〕295号）确定了学院的主要任务有四项：一是承担体育高等职业教育任务，培养适应广州市体育事业发展所需要的竞技体育、群众体育、体育产业、学校体育等领域的高级技能型体育专门人才；二是培养竞技体育后备人才，为国家、广东省和上一级训练教学单位输送优秀运动员，承担广州市竞技体育的竞赛和训练任务；三是承担有关继续教育、培训任务和职业资格鉴定工作；四是开展国内外竞技体育培训和交流。根据广州市编委下达的学院主要任务，结合学院开展高职教育、竞技训练、九年义务制教育、高中教育、场馆对社会开放、国内外体育培训和交流的业务情况，发挥体制优势，实现办学经费投入的多元化。如从市体育局获得体育事业费投入；从市教育局获得教育事业费投入；推进体育场馆对社会开放，拓展国内外体育培训和交流，增加自主经营创收；争取行业企业支持，加大体育彩票公益金、校企合作项目等方面的资金投入。

四、发挥“校队合一”的体制优势，实现运动场馆的多功能运用

成立学校体育产业发展中心，整合学校体育场馆资源，统筹安排场馆的使用、管理和维护，使学院体育场馆同时具备竞技体育训练、高职实践教学和社会服务三大功能，融训练、教学、社会服务为一体，提高体育场馆的使用效率。

第五节　广州工程技术职业学院：探索现代大学治理模式

一、在全国高职院校率先开展质量认证，实施精细化管理①

2004年，学院启动了ISO 9000教学质量管理体系的建立工作，2005年6月获方圆标志认证集团的认证；在此基础上，学院2007年开展标准化管理工作，制定了106个岗位标准、215个工作标准、829门课程标准及45个专业教学标准；2010年1月启动了环境管理体系（ISO 14001）和安全管理体系（OHSAS 18001）及学生ISO质量管理体系的创建工作，同年5月，通过了中诚认证中心的外部审核，成为全国首家获得一体化管理体系认证的高职院校。

二、推动校园信息化建设②

学院自2002年开始，经过十多年的时间，自主研发了一套具有完全知识产权的CRP系统。该系统的功能已覆盖学校管理的各个领域，主要以工作门户（学生、教工和家长门户）为基础，以各种业务功能模块（师生管理、教学管理和办公管理等）为应用核心，通过信息资源“无边界”化的“共建共享”机制，彻底消除了很多院校普遍存在“信息孤岛”的难题。并且，通过基于多层级的信息资源共享中心和实时数据监控平台，为学院的科学管理和智能决策，提供充分的智力支持。该系统融合JAVA EE及.NET两大主流开发平台的优势，紧紧围绕以“软环境（内涵）建设”和“系统功能模块的互联互通”为建设主体，促进实现“校园内部管理一体化”、“校内外办学资源应用一体化”、“中职、高职、本科管理和教学衔接

① 参见《广州工程技术职业学院2012—2013学年度高等职业教育人才培养质量报告》。
② 参见《广州工程技术职业学院2012—2013学年度高等职业教育人才培养质量报告》。

一体化”以及“CRP 应用学校教学资源一体化（共享）”，以期将学院建设成为高效、自动、透明的学习型院校。现在，CRP 系统已经发展成为一个整合了 100 多个从源头采集数据的功能模块（软件系统），即当一个任务指令触发时，多个系统模块就会联动响应的互联、互通的新型数字化校园管理平台，具有“源头唯一、全员维护、实时采集及信息共享”四大特色。该系统已经申报国家著作权保护，推广成效显著。近两年来，在教育部相关部门及高职高专院校人才培养工作水平评估委员会主任委员杨应崧教授的组织下，CRP 系统已移植到全国近 30 多所中高职院校（其中以示范性和骨干院校为主），运行效果良好。2012 年，《教育部关于开展教育信息化试点工作的通知》（教技函〔2012〕4 号）提出：“探索教育信息化环境建设、优质教育资源共建共享与应用、教育管理信息化等方面的发展路径和方法，逐步形成教育信息化在促进教育公平、提高教育质量、建设学习型社会、推动教育教学改革等方面的有效模式和体制机制，总结和推广成功经验，全面提升教育信息化发展水平。”根据该目标要求，广州工程技术职业院校的 CRP 系统成功申报成为第一批国家教育信息化试点建设项目。

三、探索符合现代大学治理的人事制度改革[①]

（1）打破身份界限，强化岗位管理。推行固定编制与流动编制相结合的用人形式，逐步实行教师职务聘任制，淡化“身份管理”，强化“岗位管理”，破除专业技术职务和干部职务终身制，逐步建立“人员能进能出，职务能上能下”的用人机制，形成“尊重人才，尊重劳动”的氛围，创造有利于人才“脱颖而出，适才适用，发挥才干”的环境。

（2）实施全校性竞岗，尽可能把学院的要求和个人的意愿相结合、个人的能力和近年来的工作业绩相结合、岗位的轻重和收入分配相结合，让绝大部分人员能到合适的岗位，发挥他们的聪明才智。

（3）评聘分开，大力推进特聘制度。鼓励人才冒尖，抓住高层次人

① 参见广州工程技术职业学院“十二五”事业发展规划（http：//www. gzvtc. cn/htm/zt/125/index. htm）。

才；鼓励创新团队，抓好学术梯队。

（4）培养和造就后备干部队伍。充分考虑人才成长的客观规律，按照组织人事的有关规定和学院的客观状况，在岗位聘任中，学院进行一定范围的岗位轮换，重点考虑在同一岗位工作时间较长、有一定工作业绩、有工作思路，又有发展前途的领导中进行。这既利于人的全面发展，也能为学校积聚管理人才。

（5）强化业绩管理。学院把业绩管理放在人事管理的首位，把业绩管理置于信息化管理、标准化管理的基本框架中去实现，成为带动其他工作的抓手，确实做到“干多干少不一样、干好干坏不一样”。学院要求教职工“做到合格”、“在合格中争取优秀”；要求教师教书育人与为人师表，具体体现于教学工作量是否满负荷，是否担任学生指导教师，参与学科、专业、课程建设程度如何，参与学院管理的公共服务情况如何、“双师”素质情况如何，学生满意度如何等；要求教辅人员专业知识与服务技能兼备，具体体现于设备的完好性与否、实训实验基地的参与程度如何、学生或教工的满意度的高低、维护设备的能力高低等；要求管理人员业务素质高、管理能力强，具体体现于能否高效完成工作任务、参与管理科研及创新情况如何、服务对象的满意度如何等。学院评价机制明确，同类岗位人员工作质量好坏，用一把尺子度量。学院以基于信息化的业绩管理系统为手段，各类人员的考核数据完全实现了信息化采集，所有考核数据从教职工工作过程的源头采集，每个月公布各类人员的工作业绩并及时进行反馈。学院年度考核“优秀”、“十佳”个人、“最佳”部门、学院合同制人员入编等，完全以业绩考核数据为依据，做到公平、公正、公开。业绩数据不仅用于考核，还作为教职工自我诊断、自我改进的重要依据，促进教职工不断提高工作业绩，从而建立工作业绩持续改进机制。

四、学生管理特色——“教养工程”新实践[①]

学院于2006年启动了全面的人才培养模式，其中的核心是将人才培

① 参见广州工程技术职业学院“十二五”事业发展规划（http：//www.gzvtc.cn/htm/zt/125/index.htm）。

养目标定位为“有教养、有本领”的二元复合型“高素质”人才。在拓宽学生专业技能平台、强化学生专业技能的基础上，学院推出了以培养学生拥有适应生活的综合素质为目标的“教养工程”新实践。对于学校育人工作而言，课堂不能局限于教室，而是要将整个校园作为一个大课堂。具体而言，就是要将课堂上教的内容与平时学习、生活、工作中的实践有机联系起来，将课堂教学要求与平时的校园管理规则有机联系起来，将校园中一切可以利用的资源挖掘出来并为人才培养服务，将教育学生、管理学生、服务学生的工作均纳入一个宏观的大课程体系中去，实践“教、学、做、养”相结合的育人工作模式，为学生提供一个尽可能广阔的学习实践平台。其“教、学、做、养”相结合的育人工作模式，一方面在“教、学、做”的内容上强调多方位覆盖，尽可能涉及学生学习、生活、工作的方方面面；另一方面在“养”的过程中强调“一年教，三年养”，学院不仅对学生在校三年的情况给予全过程关照，而且为学生提供未来适应职业、适应人生的知识、道理和方法。具体而言体现在以下四个方面：

（1）“教”的课程多点渗透。教材是教学内容的知识载体，是教学质量和教育效果的重要保证。为了落实学院的教养培育目标，进行深度教学改革，并通过教学改革推进学院人才培养特色的形成，真正使学生成为热爱生活、承担责任、知礼尚仪、和谐发展的有用人才，学院组织了一批有丰富育人经验的优秀教师编写了一系列院本教材。这些院本教材满足了“教养工程”课程化的实际需要，充分体现学院的办学特色与创新精神。从《大学新概念》到《人生伴侣丛书》，从《职业指导与训练》到《通用技能选修教材》，从学习方法、思维技巧、处事原则到职业生涯规划的基本方法，从责任意识、职业素质到生活必备的通用技能等，教材内容应有尽有，并使课程所涉的内容、知识渗透到素质教育的各方面，以促进学生全方位的成长与进步。院本教材中呈现的多元知识与丰富案例促使学生在内心深处加深对素质养成的理解和认识，增强了教育的实效性。

（2）“学”的内容紧贴实际。该院“教养工程”的教学内容设计原则是：紧贴学生实际，讲求学习实效。把教学内容归纳为“素质模块”和

“技能模块”。“素质模块”将现实生活中的环境适应、为人处事、职业规划、生涯发展等实际问题通过《人生修养》课程引入课堂教学中，帮助同学解决现实生活中的疑难，使学生乐学、易学。“技能模块”又分为“基本技能”和“个人才艺”两大部分，从歌曲演唱到体育健身，从语言文艺到经营管理，从生活中的小窍门到危急情况下的安全救助，这些内容以增强学生的动手与实践能力为主要目的，着重训练学生的实际操作能力，学生可以根据个人兴趣和专业特点，选修相应的才艺和技能课程，满足学生的现实需要，让学生学会生活并使生活增值。

（3）“做”的平台覆盖校园。理论知识只有在学用结合中才能促进理解和实现迁移，并最终转化为素质。因此，理论教学必须辅以实践环节，才能加深学生对理论知识的掌握与理解，并在实践中检验与丰富知识。同时，人的素质养成还需要环境的熏陶，这样才能潜移默化地促使个体将外在的道德知识内化为自觉的行为规范。因此学院将学生素质的培养空间扩大到整个校园，从教育管理到后勤管理、从安全救助到生活服务都有学生参与管理。整个校园成为学生学习、实践的大舞台，并对学生素质养成起到催化作用。将“做”的平台覆盖校园，使学生在学中做、做中学、做中养，不但可以充分发挥学生主体的主动性、创造性，还可以培养学生的主人翁意识和责任感，在培养学生的职业综合素质中起到事半功倍的效果。

（4）“养”的管理贯穿三年。知识的习得可以是一朝一夕，但任何素质的养成，绝不可能是某一时段的短期突击，它都必须经历持之以恒的强化和递进过程。素养只有经过长时间的培养和强化，才能形成为人的气质与内涵，并最终上升为人格魅力。学院从学生一入校就为每个学生建立了个人诚信银行、学生电子信息档案、学生生涯规划管理、学业预警机制等各项教育管理规范。所有数据都将伴随每位学生度过大学三年，给予学生从入学到毕业全过程、全方位的关照，促进学生形成受用一生的良好素质，为学生提供可以终身受益的财富。

［案例1］

采用校园信息化管理系统，实现无须管理的“管理”①

广州工程技术职业学院耗时八年研发成功的校园信息化管理系统，简称CRP系统，内含100多个功能模块，覆盖学院管理的所有方面。该系统以ISO体系为流程总线，以数据的归属管理为系统分类，彻底打破系统之间的边界，具有一个指令多个系统响应、多个功能模块联动的特有功能。

CRP系统的特点有三个：

（1）全部数据采自源头且循环流动。CRP系统的数据全部产自工作过程，自源头采集，随用随采，既实时又可靠。系统每天将经过加工处理的信息分流至管理的各环节，师生员工利用系统进行工作与学习的过程，就是系统中信息循环流动的过程。循环流动使信息始终处于活跃的交互状态，突破了目前信息化建设中最难解决的“信息孤岛”这一技术难题。

（2）全员参与维护与全方位共享信息。大量的数据经过信息技术进行提炼后转化成为有用的信息，实时提供给各级领导和师生使用，为决策和改进工作提供明确的数据化指引。系统通过授权开放，不仅实现了校内的信息交流，而且实现了学校、学生、家长和用人单位在同一平台上的远程沟通与互动。

（3）操作界面人性化和个性化。在系统的综合管理平台上，每位教工的工作界面既能显示个人信息，又可提供个性化的任务提醒，还可由用户根据不同的需求自行定制功能模块。

CRP系统的作用体现在七个方面：

（1）CRP系统在管理实践中的应用，极大地拓宽了现实校园的时空维度，扩展了传统校园的功能，推动了学校管理的全面创新，在保障和提高学校管理质量的同时，大大降低了管理成本。在CRP系统中，信息汇聚成

① 樊志光．以信息化手段（CRP）推动学校管理机制全面创新［OB/OL］．http：//www. gzvtc. cn/htm/zt/djt/djt_ 01_ 01_ 27. asp.

为实时数据监控平台——仪表盘，学院各级领导置身系统有如置身基层，透过平台中的各种视图和各层面数据以及通过技术手段实现的数据纵横比较，真实地预测、了解、掌握和应对学校的各种情况，使校园始终处于可控和安全的状态。

（2）CRP 系统保障了办学资源使用的充分性和有效性。仪表盘中那些最能体现管理效能及教学水平的信息，如课室使用率、实验室使用率、设备使用率及报修率、各后勤场所满意度、教师工作量及授课满意度等，不仅为分布于各部门、各岗位的办学资源共享提供了可能和方便，同时为学院领导运筹管理、合理分配和调剂学院办学资源、调整及优化结构、提高资源的利用效率等提供客观依据。

（3）CRP 系统将“质量、安全、环境”有效集成为校园标准化管理体系。学校经过对 ISO 9000 的“选择性改造”，将内部的所有管理要素通过 CRP 系统有效整合，实施标准化运作，通过明确管理职责、关注过程质量以及有效的满意度调查，对学校工作实施全程调控，持续改进，实现了企业 ISO 9000 标准与教育领域的有效对接。

（4）CRP 系统是大学生素质教育基本制度与实践方略改革的基本保障。以“教、学、做、养”相结合为特色的“教养工程”是该院人才培养模式改革的新实践，CRP 系统为其提供了技术支持，构建了由“教养工程动态电子书”、“学生电子信息档案”、“辅导员信息平台”、“教师电子日志”等构成的既相互贯通，又全面记录师生交流和学生表现的“教养”培育信息平台。学生家长通过登录及时了解和掌握情况，有效解决了大学生素质教育中学校与家庭脱节、校内各种育人资源难以形成合力、学生状态信息封闭等难题。

（5）CRP 系统实现了专业建设管理的实时性和精细化。基于 CRP 系统，学院以动态和灵敏的评价指标，实时监测每月的专业建设状态。在建设过程中，学院通过专业动态数字平台，教师之间可互相借鉴专业建设的研究与成果，实现无界化的协作交流以及资源和才智的共享。

（6）CRP 系统提高了就业教育、管理、服务的科学化水平。CRP 系统实现了学生网上查询招聘信息、网上应聘、毕业生网上资格审核、毕业生就业情况审核、用人单位网上问卷反馈等，极大地丰富了就业教育的教学资源，提高了就业管理与服务的质量与效率。

（7）CRP系统为教工业绩考核提供了技术依托。教工业绩考核注重工作过程，借助校园标准化管理平台和CRP系统，在日常工作过程中自动生成具有参考、提醒甚至警示作用的透明可视的教工业绩数据，同时把年度考核分解为月度考核，方便教工及时进行自我诊断和调控工作状态。

学院基于CRP系统的信息化管理，不仅大大提高了管理效能，而且引起了社会和同行的广泛关注。2014年，由人力资源和社会保障部主管的《职业》在当年第3期以“大数据时代：无须管理的管理——广州工程技术职业学院信息化建设启示录”为题大篇幅报道了广州工程技术职业学院在信息化建设方面所取得的成绩。报道全方位介绍了学院的信息化建设成果，在教学、学生、就业和后勤等各个方面，介绍了学院自主开发的“学生诚信银行”、“学生电子信息档案”、“空中课室”等系统，对学生行为的监管、褒奖和修正非常及时、有效。家长通过互联网即能及时了解学生的在校情况，为师生之间、家校之间的信息交流提供了便利和空间，让学生有教养、有本领。文中盛赞学院无须管理的管理，用最先进、最科学的手段，达到了管理的最高境界。另外，学院开发的校园信息管理系统（CRP）已被宁波职业技术学院、上海科学技术职业学院、杭州职业技术学院和南宁职业技术学院等19所院校采用。此外，学院开发的高职院校人才培养工作状态数据采集平台已被教育部采用，高职院校通过该平台填报学校人才培养工作状态数据，帮助学校，省教育厅、教育部监控学校人才培养工作状态。

［案例2］

构建体现标准化管理理念的后勤服务体系①

广州工程技术职业学院依托校园110和校园网格化服务系统（CGSS），

① 参见《广州工程技术职业学院2012—2013学年度高等职业教育人才培养质量报告》。

创建了具有标准化管理理念的后勤服务体系。校园 110 按照职业实践型社团的标准，从队伍组建到日常管理，均由学生自我管理、自我服务。这既锻炼了学生的职业素养，又有利于学生正确理解学校管理目标和育人目标；校园网格化服务系统以单元网格管理为基本特征，将校园分为若干个单元（格），覆盖校园的全部物理空间，做到无盲区网格划分；每个单元（格）分别设立信息采集人，通过信息系统每日巡查和报送本区域（格）的安全隐患、设施设备和环境卫生三个方面的情况。由于事事有人理，物物有人管，安全与后勤的精细化管理得以“落地”。据后勤管理系统数据统计，2012—2013 学年，学院收到教工提交的安全、设备、环境问题报告共计 762 份，其中设备问题占 84%、环境问题占 10%、安全问题占 6%；所反馈问题已全部办结，平均回访满意度达 90.99%。校园 110 共处理师生来电 8 375 宗，其中报警 23 宗，报修 5 438 宗，咨询 2 499 宗，求助 343 宗，投诉 72 宗，问题已全部办结，平均回访满意度达 99.43%。

第六节　广州科技贸易职业学院：探索构建全方位学生服务体系①

广州科技贸易职业学院始终坚持贯彻“质量立校、人才强校、特色兴校、服务荣校”的办学理念，深化学生管理工作改革，构建学校、社会、家庭、学生等多方面参与的学生管理机制，强化学生的综合素质，提升学生的就业与创业能力，提高就业质量，受到了学生、用人单位等利益主体的充分肯定，学生就业率、就业专业对口率、毕业生职称率和企业满意度、学生满意率均比较理想。如学院 2012 届毕业生总体就业率高达 100%，“双证书”获取率达 93.58%，就业对口率达 86.76%；从 2012 届毕业生就业情况质量跟踪调查结果来看，用人单位对该院毕业生综合素质评价称职率为 100%，满意率为 84.48%；从在校生满意度调查结果来看，2013 年在校生对该院各方面工作的满意度均在 80% 以上，其中对教师的满意度为 88.7%、对辅导员和班主任的满意度为 90.04%、对学校设施的满意度为 82.64%、对学校管理的满意度为 83.31%、对后勤服务的满意度为 84.69%；另据毕业生满意度抽样调查，88% 的毕业生对母校满意。

一、探索学院、社会、家长和学生四方联动的学生管理新机制

学院在建立健全学生工作院系二级管理体系的基础上，注重多方协同育人，推行“学院—社会—家长—学生”联系新举措，建立起有效的学业危机预警机制和跟踪指导服务体系，形成了学院、社会、家长和学生四方联动、协作、共管的局面，加强了学生管理工作的针对性与实效性。另外，学院自 2012 年开始实行学生事务管理“一系一精品”工程，各院系结合特色专业打造本部门的学生事务管理精品项目，在学生事务管理中培养学生的职业人意识。通过形式多样的学生活动，如“科贸之星”、“主持

① 参见《广州科技贸易职业学院 2012—2013 学年度高等职业教育人才培养质量报告》。

人大赛”、“模拟市场”和“共建大学生之家”等，发掘和提高学生各方面的素质和能力，为他们提供一个展示自我的平台。

二、实施五大育人工程，提高学生综合素质

学院积极强化素质教育，实施“厚德砺志”、“人生导航”、“笃学强能”、“文化修身”、“阳光心灵”五大育人工程，全面培养和提高学生的思想素质、道德素质、文化素质、职业素质、身心素质，培养学生的诚信品质、敬业精神、责任意识和遵纪守法意识，学生的职业道德修养不断增强，人文素养明显提升，素质教育取得了显著成效。

学院在建立健全学生工作院系二级管理体系的基础上，注重多方协同育人，积极探索“学院—社会—家庭—学生”联系新举措，同时建立起了完整的“朋辈心理互助”的大学新生适应性教育体系，强化新生心理适应性教育，不断提升学生心理素质。这保证了素质教育的针对性、个体性、持久性和主体参与性，有效地促进了大学生综合素质的普遍提升和加强。

三、全面推进创新创业教育，提升学生创业能力

学院坚持以“全程育人”的理念强化学生职业生涯规划意识、提升学生就业创业能力。通过开展学业生涯规划、职业生涯规划、创新创业等教育，分阶段实现普及、培优与孵化式培养，着力开发能与专业课程体系有机融合的创新创业培优课程，扶持学生创业工作室（坊）或创新创业型公司的成长。主要措施有：

（1）强化学生职业生涯意识。引导与服务并举，以每年一度的“职业指导活动月”、“职场礼仪系列活动”和“科贸校友大讲堂”等系列活动为载体并充分利用之，提升学生职业规划意识和能力。

（2）加强创新创业教育和实践。充分挖掘政府、行业、企业、学校资源，打造“四位一体”的一流创业指导队伍，推进创业师资的专业化，构建“普适课程—培优课程—项目扶持与孵化课程”的阶段式课程体系，推动学生创新创业实践。

（3）扶持学生创新创业团队，培育、孵化学生创新创业项目。每年在全院范围遴选大学生创新创业项目约二十个，进驻创业孵化基地进行项目

扶持与孵化。依托校内外创新创业孵化基地，在创业导师全程跟踪指导、创业资金有力扶持下，创业项目不断走向市场，并实现创新创业成果的转化。逐步搭建起“创业教育、创业孵化、创业实践”三个平台，形成创新创业“培养—孵化”产业链。多年的创业教育实践在学院催生了一批学生创业典型，如原经管系工程管理班陈雪贵、原经管系地铁专业学生戴丛磊、原艺术系平面设计专业学生温新德、原艺术系工艺班周琪璐等同学。他们分别创立了广州市远航通信技术服务有限公司、东莞市盈科通信科技有限公司、惠州市新鸿科技有限公司、深圳市八〇年代网络科技有限公司、荣佳再生资源回收站和网吧、深圳市益新昌隆贸易有限公司和深圳市荣佳 EVA 橡塑胶垫有限公司，创办“壹展设计工作室”以及“ Reading Ba 暨校园文化实训超市”等项目。

四、建立基于“朋辈心理互助”的新生心理适应性教育体系

入学适应问题是大学新生普遍存在的问题，若不能及时调整便会出现诸如焦虑情绪、人际关系敏感、失落、自卑等心理问题，而当前新生入学教育存在缺乏针对性、个体性、持久性和主体参与性等问题。研究发现，多数学生遇到心理困扰，最先向朋友倾诉和寻找帮助，极少数人会寻求专业的帮助，所以，“朋辈心理互助”逐渐受到重视和运用，并成为高校心理辅导重要的形式之一。

学院通过近五年的实践和探索，建立起了完整的“朋辈心理互助”的大学新生适应性教育体系，包括朋辈心理辅导员的招聘、培训、选拔、跟踪、管理、督导、考核评价等；通过编制朋辈辅导员工作手册和员工培训手册，规范了朋辈辅导员工作任务指标；组织新生班级参加环境适应心理、生命教育、学习心理、人际关系心理、学习型成长小组主题的沙龙或主题班会；举办心理情景剧、心理 DV 大赛、手语操比赛、*N* 人“*N* + 1 足”等形式活动；通过成立朋辈心理辅导员“自我探索”成长小组等方式，开展朋辈心理互助工程建设及使其运用在新生适应性教育中，保证了适应性教育的针对性、个体性、持久性和主体参与性，打造了学生心理辅导员的锻炼平台，促进新生更好、更快地适应大学生活；通过建立朋辈助人自助制度，解决了学校心理健康教育工作专职人员短缺的问题。

五、服务学生就业，增强学生就业能力

学院积极帮助引导学生充分就业。通过举办“职业指导活动月”、“企业精英进校园”、“企业家进科贸”、“职场礼仪系列活动”和“科贸校友大讲堂”等创业论坛活动，邀请相关行业的企业家、社会各界人士、往届毕业生代表及学院领导、教师开展就业讲座、报告会、座谈会等，多种途径传播和普及创业就业、职业规划理念，进行大学生就业创业、职业规划教育，促进学生就业创业观念转变，提升学生职业规划能力；帮助学生转变就业观念，使学生树立正确的就业观、成才观。学院还举办了“大学生职业规划大赛”、“就业知识竞赛”、“职业指导活动月”和“学生专业技能比赛”等活动，并积极组织学生参加“广东省大学生职业规划大赛”、“助你创业，赢在广州”的创业大赛；举办“创业设计大赛”、“职场新人擂台赛”、“营销大赛”等活动，以赛事提升学生的就业技能，带动学校就业工作的开展。如针对2013届毕业生，学院组织了34场校园招聘会、专场招聘会，为学生与用人单位提供了“双向选择”的机会，该届毕业生对学校就业指导服务满意率达95.78%。

第七章　深化教育教学改革，提高人才培养质量

宏观管理体制、校企合作机制、内部管理机制为学校人才培养工作提供了重要的体制和机制保障。除此之外，要提高人才培养质量，还需要深化教育教学改革，探索高职人才培养规律，包括专业与课程建设、人才培养模式改革、教学模式改革等。在教育教学改革方面，广州市属高职院校始终遵循三个基本规律，即广州经济发展规律、职业教育规律和学生成长成才规律。如在专业建设方面，广州市属高职院校始终从广州的经济社会发展需求出发，力图专业结构与地方产业结构相适应、专业教学标准与职业标准有效衔接，为广州经济的转型升级、产业结构的调整提供技术、技能、人才支持；在人才培养模式改革方面，始终以工学结合为切入点，突出培养学生的实践动手能力；在教学组织方式和教学模式方面，尊重高职生的身心发展规律和特点，激发学生的学习兴趣，提高教学效果。

第一节　专业结构与产业结构对接

“以服务为宗旨，以就业为导向，走产学研结合之路”的职业教育办学方针指出了职业教育的基本特征，即服务性、职业性和开放性。另外，相对省属或其他部委所属院校、民办院校而言，市属高职院校具有明显的地方性特征，要求其主动为地方的经济社会发展服务。专业是高职院校教育教学工作的载体，一切教育教学资源、要素的配置以及教学改革探索均以专业为基础；同时，专业也是职业院校与经济社会联系的纽带。职业教育与经济社会联系的密切程度如何、职业教育的社会服务能力的高低也集

中体现在专业设置方面。因此，为体现高职教育的职业性、服务性要求，突出市属高职院校的地方性特征，提升高职教育的吸引力以及为经济社会发展服务的能力，广州市对市属高职院校的专业布局和结构给予了宏观指导，力促市属高职院校的专业结构与该市产业结构相对接，鼓励市属高职院校针对广州重点支柱产业、先进制造业、战略性新兴产业、现代服务业、高新技术产业和社会管理、生态文明建设等领域设置和调整专业。当前，广州市属六所高职院校共设置了139个专业（专业方向），涉及13个专业大类。13类专业均与广州经济社会发展密切相关，与广州产业结构相对接。

近年来，为提升专业竞争力、深化内涵建设、提高资源使用效率，广州市属高职院校积极、主动调整和优化专业结构、强化专业特色、突出专业群建设。随着产业转型升级的不断推进、现代产业体系的不断完善、广州市产业链的不断延伸、产业关联度的不断提高，社会要求高职院校的专业朝集群化方向发展，更好地满足产业转型升级要求，提升专业与产业的适应性，提升专业服务产业的能力，以便满足现代产业体系对技术技能人才的需求。另外，与我国高职教育发展历史一样，广州市的高职教育也有过一段规模扩张期。在规模扩张阶段，高职院校实行的是外延式发展模式。为了扩大办学规模，学校开设了大量新专业，但办学资源并没有相应改善，加之专业数量过多，有些专业的在校生规模相对较小，如有些专业每届招生不到一个标准班，这不仅影响了办学效益，也严重影响了人才培养质量。

基于以上种种原因，广州市属高职院校根据现代产业发展和现代院校治理要求，主动调整专业结构，开展专业群建设。通过专业群建设提高办学资源的使用效益，如实训室、教师等办学资源可为群内专业共享；通过专业群建设，提升专业服务产业的能力，如通过专业群满足产业链的人才需求、满足产业跨界要求；通过专业群建设，优化专业结构，强化专业特色，实现市属高职院校的错位发展，如广州城市职业学院大力发展与广州现代城市经济建设和服务紧密结合的专业，重点围绕高新技术产业、先进制造业、高端化现代服务业和社区服务四大板块，打造十个专业群：面向高新技术产业的计算机应用技术、艺术设计专业群，面向先进制造业的机电专业群，面向高端化现代服务业的商贸物流类、旅游类、财经类、应用外语类、市政建设类专业群，以及面向社区服务的食品类、社区管理与服务类专业群等。① 广州铁路职业技术学院围绕“大铁路”设置专业，重点发展与现代轨道交通产业相适应的七大专业群：面向轨道交通类产业的城市轨道交通车辆专业群、电气化铁道技术专业群和城市轨道交通运营管理专业群，面向先进制造类产业的数控技术专业群，面向电子信息类产业的应用电子技术专业群和计算机应用技术专业群，面向现代服务类产业的涉外旅游专业群；广州科技贸易职业学院确立了以会展策划与管理、物流管理、电子信息工程技术、汽车检测与维修技术和服装设计等五个专业为核心的商务服务、管理、软件与信息、机电工程和艺术设计五大专业群；广州番禺职业技术学院重点建设时尚设计、珠宝首饰、金融、现代设计与制造、土建、旅游与酒店、物联网技术及应用、工商企业管理、美容化妆品等九大专业群；广州体育职业技术学院重点发展与现代体育产业相适应的体育类专业；广州工程技术职业学院重点发展与石油化工、先进制造业、国际物流、餐旅管理、机器人技术、商用车技术和仿真技术相适应的专业群。

[案例1]

广州城市职业学院食品类专业群建设②

一、食品类专业群概述

广州城市职业学院食品类专业群始建于1999年，以食品营养与检测专业为龙头，涵盖餐饮食品安全、食品生物技术和食品加工技术3个专业。其中，食品营养与检测专业是广东省高职教育重点建设专业，也是省级示

① 吴勇．以“对接产业”引导高职院校专业设置与调整［J］．南方职业教育学刊，2013（4）：42～45.

② 江津津等．适应广州产业结构升级的食品类专业群建设研究：以广州城市职业学院为例［J］．广州城市职业学院学报，2012（4）：79～83. 另外参见《广州城市职业学院2012—2013学年度高等职业教育人才培养质量报告》。

范院校重点建设专业。拥有能满足食品加工、食品营养及食品安全检测要求的专业实训室12个，中央财政支持的实训基地1个，广州市示范性实训基地1个，广州市学术创新团队1个；建有“天然产物提取技术开发中心”等2个技术中心；设有国家职业技能鉴定所食品检验工、公共营养师职业技能培训与鉴定点；建有广州市名花香料有限公司等校企深度融合、稳定的校外实习实训基地32个。

二、建设背景

食品产业是典型的传统产业，多数企业属劳动密集型企业。但随着公众营养需求和产业结构的不断升级，健康产业和食品加工高新技术产业已成为食品产业结构调整的主导方向。食品产业与健康产业相互交融，食品加工高新技术产业不断发展、壮大已成为食品产业转型升级的重要趋势。食品产业的转型升级，对相关专业人才提出了新要求。为了顺应现代食品产业转型、升级、发展的要求，广州城市职业学院在传统食品专业的基础上，探索专业群建设，增加食品营养与检测专业，以适应食品产业与健康产业跨界发展的要求；增加食品加工技术、食品生物技术、餐饮食品安全专业，以适应现代食品加工技术革新及食品安全的要求。

三、建设思路

学院需围绕产业发展和职业岗位群的要求，结合学科基础，构建专业群。通过深入调研，了解食品产业结构调整态势，搞清区域内产业结构的发展方向，明确区域内食品行业发展的重点，分析健康食品产业链的岗位设置情况以及对应用型人才的需求情况。在此基础上，结合学科特点，以营养与保健、生物技术、加工技术、质量安全等学科为基础，构建与健康食品产业链对接的食品类专业群。

四、建设措施

（一）创新校企社政合作运行机制

学院与广州开发区政府、萝岗区高技能人才公共实训管理服务中心、广州旺旺集团、康师傅集团等企事业单位合作建设萝岗食品学院，并作为校企社政合作平台，培养公共营养师、营养配餐员、食品检验工、食品安全师。萝岗食品学院作为广州城市职业学院的二级学院相对独立运作，实行理事会领导下的院长负责制，在办学共投、运行共管、成果共享等方面，探索校企社政合作办学体制机制改革；以校企合作共建的食品学院为平台，实现群内各专业资源共享、教学团队共建，提高专业群整体实力，满足行业企业对食品相关技术人才的需求。

（二）推进人才培养模式改革

针对广东省食品行业企业发展的特点和食品营养、食品质量与安全方面的社会焦点，学院实施课程和资格证书一体化改革。建设职业体验平台、实境训练平台、顶岗历练平台，实施安全责任意识、文化素养、职业技能“三结合”教学过程设计，形成了基于“三平台三结合”的课程体系，发挥校企社政四个方面在人才培养过程中的作用。针对食品营养与保健、加工、检测和品质管理岗位群的能力要求，开展“教、学、做”一体化教学。合作各方共同负责对学生的管理与指导，每个顶岗实习班级由专任教师和企业人员共同作为实习指导老师。顶岗实习实训成绩的评价由校外指导老师与校内指导老师共同完成。

（三）构建“工学结合”的专业群课程体系

该专业群以广东宝桑园健康食品研究发展中心、广州旺旺集团、广州味研生物工程科技有限公司等企业的实际生产过程为载体，引入行业企业标准和企业新技术、新工艺，构建以能力培养为主线的专业课程体系，校企共同开发优质核心课程《食品安全与质量控制技术》、《食品理化分析技术》，网络课程《微生物检验技术》、《现代仪器分析》，开发开放视频课程《食品安全与质量控制技术》，开发公共营养师、食品检验工试题库两套，编写《微生物检验技术》校本实训教材。开发建设适应产业升级需求的食品专业的共享型教学资源库，整合各专业的教学资源，推进优质教育资源共享。通过积累多媒体素材、知识点素材和示范性教学案例，构建开放的教学支持系统。运用现代信息手段，搭建公共服务及网络平台，为教师教学、学生自主学习提供技术支撑和便利服务。

（四）建设适应产业升级需求的教学团队

该专业群通过项目管理和任务驱动，完成了广州市首批学术创新团队项目的建设。该团队在建设过程中，完善校企合作的专兼职教师队伍建设运行机制，改革教师培训、交流、深造、实践锻炼等管理办法，充分尊重人才培养规律和教育创新规律，促进了个体的充分自由发展。同时，设立兼职教师专项经费，建立了兼职教师工作室，承担实践教学、校企合作项目申报、技术研发、技能培训等工作，接受职业教育培训、教学方法培训，以提高兼职教师的执教水平。在广州味研生物工程科技有限公司建立专业教师的企业工作站，派出专业教师到工作站参与企业项目研究、产品开发、员工培训、生产技术升级改造等技术服务，以提升教师专业技术水平。通过企业兼职教师参与人才培养方案制订、教学交流与研讨、实训基地建设及学生顶岗实习管理等一系列具体活动，加强兼职教师在教学团队中的作用。

（五）建设适应产业升级的实训基地并创新管理机制

在专业群建设的过程中，大力整合实践教学资源，创建集成化、规模化、系列化、实境化、开放式、多功能和融技术展示与技能操练、技术研发等为一体的校内外实训基地，为人才培养搭建实操技能平台。广州城市职业学院食品类专业群以中央财政支持的食品营养与安全教育实训基地为依托，按照高起点、可持续、生产性、共享性、开放性、一体化的标准建设校内实训室，包括食品营养与健康实训中心和食品质量安全检测中心；以国家职业技能鉴定所为依托，建设食品检验工教学、考评平台；以市级首批学术创新团队为依托，建设食品加工技术实训中心，完善休闲食品、饮料加工技术平台。此外，建立健全实习实训基地共建共享机制，制定《食品营养与检测专业校内外实习实训基地共建共享办法》、《学生实习实训教学资源共享的实施办法》和《教师用于科研的仪器设备资源的共享实施办法》等。校内实训基地的仪器设备与企业的生产设备在教学、科学研究、企业产品研发、产品质量安全检测等方面实现共建共享。

除高标准建设校内实训基地之外，该专业群还与企业合作，共建现代化的校外实训基地。如与广州味研生物工程科技有限公司组建了集产、学、研为一体的“天然产物提取及生产实训车间”，与广东省宝桑园健康食品研究发展中心共同利用植物提取、分离、浓缩、干燥工艺生产线，为学生提供生产实训教学。同时，探索并建立“厂中校”实践教学基地，企业提供实训场地、技术，将课堂建到生产一线，完成《天然产物提取分离技术》等相关专业课的授课和实训指导。

（六）探索并建立社会服务运行机制

该专业群积极探索社会服务运行机制，制定了《技能培训与技能鉴定工作实施细则》、《教师参与科研工作相关激励办法》、《服务社区食品营养与安全的实施办法》，制订了年度《学生和企业人员培训鉴定计划》、《专任教师参与科研的年度工作计划》等促进专业教师和企业技术人员共同开展技术服务、技能培训及鉴定服务、社区服务；完善了《广州城市职业学院食品类专业群顶岗实习章程》，召开了由政府部门代表、行业协会代表、企业代表、校内教师参加的学生顶岗实习工作会议，完成“2 + 1”模式的顶岗实习调研报告，推进了人才合作培养模式构建；校企合作建设顶岗实习类专业课程、开发实训项目、管理实习实训基地等工作，共建共享教学资源。依托校内外实训基地，学院每年开展食品检验工职业资格鉴定考证培训并承担企业的技术服务项目。依托产业链，学院开展与产业升级及高新产业相结合的科研活动。通过专业群建设使教师的生产实践和科研教学活动能更好地服务社区、服务社会。通过食品类社区课程和社区项目的建设，达到建设群内专业、推广专业品牌、提升社会服务能力和专业群知名度的目的。目前，该专业群与企业合作共建了技术研发中心2个，为行业企业提供技术研发、技术推广服务项目10项以上，实现年社会经营服务收入100万元，申报国家发明专利5件。

第二节　专业教学标准与职业标准对接

基于职业逻辑开展专业教学改革，力求专业教学标准与职业标准对接，包括专业人才培养目标与职业岗位及任务要求对接、课程体系与职业能力对接、课程标准与岗位技能或技术标准对接、培养过程与生产或工作过程对接。

[案例2]

广州番禺职业技术学院装潢艺术设计专业教学标准四对接①

一、通过职业分析法确立工作岗位群及典型工作任务

该专业通过深入调研和实践专家访谈会，确立了毕业生五大工作岗位：平面设计师（设计助理）、包装设计员、美术编辑、摄影师、美工。依此确立了五大典型工作任务：广告设计与制作、包装与印刷设计、CI策划与商品形象设计、商业场所的空间与商品陈列展示设计、商业摄影。

二、培养目标对接职业岗位（群）及典型工作的任务要求

根据岗位（群）和典型工作的任务要求，对完成各项工作任务所需要的职业能力进行分析研究（如要胜任CI策划与商品形象设计这一工作任务，需要概括观察能力、想象能力、视觉提炼能力、造型能力、表现能力、图形信息的准确传达能力等六个方面的能力），确立与职业岗位（群）及典型工作的任务要求对接的专业培养目标及规格：主要面向广告、包装、商业投影等公司及其他企事业单位的平面设计岗位，培养具有良好审美素养和设计创意能力，具备商业广告、商品包装、企业VI、商业摄影等

① 广州番禺职业技术学院．装潢艺术设计专业人才培养方案与课程标准［M］．北京：高等教育出版社，2009. 3～44.

平面艺术的设计与制作能力，具备“一技之长+综合素质”的德、智、体、美等方面全面发展的高素质技能型装潢艺术设计人才。

三、课程体系对接职业能力要求

依据人才培养目标及规格进一步确立专业核心课程体系，力求使课程体系与职业能力对接，如为培养学生承担CI策划与商品形象设计任务方面的职业能力，设置了VI与企业形象设计课程。①

四、课程标准对接岗位技能或技术标准

在课程标准方面，要求其与岗位技能或技术标准对接。如商业广告设计与制作课程，基于岗位技能（技术）标准，分解为六大课程内容，即主题广告设计与制作、户外广告设计与制作、报刊广告设计与制作、电视和网络广告设计与制作、POP广告设计与制作。同时，针对每类广告设计与制作的技能（技术）要求，明确课程的知识、技能（技术）要求。

五、培养过程对接工作过程

如该专业打破传统的课时制教学组织形式，采用工作过程导向的“工作坊”教学组织模式，学生通过在“工作坊”完成具体的、真实的设计项目，完成课程学习，培养锻炼职业能力。另外，利用信息手段，实现企业生产过程与工作坊教学过程数字化与同步化，使教学过程与生产过程对接。

① 广州市“十一五”教育科学重大研究课题组．高职院校内涵发展研究与实践［M］．天津：天津教育出版社，2009. 55～56.

第三节　探索现代职业教育课程及其教学组织方式改革

课程是人才培养工作的重要载体，课程的质量直接影响到人才培养的质量。职业教育与普通教育的差异集中体现在课程上。因此，课程建设与改革始终是高职院校教学改革的重点。广州市属高职院校将课程建设作为内涵建设的重要内容，积极开展符合现代职业教育理念、适应职业人才培养规律的课程改革。如广州城市职业学院深化“共享课程平台化、核心课程职业化、课程体系模块化、首岗技能证书化”的专业课程体系改革。学院以提高学生职业能力为目标，推进公共课和专业基础课程平台建设；加强职业技能课程开发，建立基于职业岗位工作过程的职业课程体系，所有专业根据职业岗位标准，构建了集“教学、培训、鉴定”于一体的双证书课程体系以及相应的课程标准和评价体系；面向全校学生开设自然科学、人文社科、艺术修养等多个系列的数十门人文素质和科学技术教育课程，重点推进国学精粹课程建设，促进科学教育与人文教育相融合，提升学生的综合素质和职业素养；遵循建构主义理论，依照“一条主线”（以能力培养为主线）、“二种资源”（校内和校外实习实践资源）、“三个层面”（基本技能训练、综合技能训练、顶岗实习实训）的原则构建并实践教学课程体系。针对学生职业岗位工作能力培养的要求，改革课程教学内容，引导各专业依据职业岗位工作来设计实训项目，确定符合职业岗位（群）需要、内容明确、可操作、可评定标准的实践教学目标体系；建立针对职业岗位工作标准的创新实践教学管理模式，使教学模式与工学结合的要求全面接轨；建立校内生产性实训和校外顶岗实习的管理流程与运行机制，保证“课程教学、生产性实训、技能考证、顶岗实习”各个环节的规范有效。①

① 参见《广州城市职业学院2012—2013学年度高等职业教育人才培养质量报告》。

［案例3］

“五位一体”工学结合项目课程改革①

广州番禺职业技术学院装潢艺术设计专业通过改革实践，探索实施“五位一体”工学结合项目课程模式。该课程模式实现了教学过程的“全真性”、技能训练的“职业性”、运行管理的“企业性”。在这里教师成了经理，学生成了设计师，教室成了工作室，企业成了客户。当作业成为产品之时，学生就成了企业员工，这大大提高了学生的学习兴趣和独立工作的能力，缩短了学生从学校到工作岗位的对接距离。

（1）课程设计——项目化。打破传统的以知识逻辑为主线的组织课程内容的模式，在分析工作任务与职业能力的基础上，学院根据专业特点和人才培养规格，进行项目方案设计，获得形式化的工作项目，并进一步具体化与工作任务相匹配的项目模块，确定完成该工作任务或项目所依托的典型产品（服务）。如“户外广告设计与制作”依托路牌、灯箱、霓虹灯、公交车等典型设计媒介来进行具体的项目模块设计。在此项目设计的基础上，学院根据项目课程需要引入企业真实的制作任务、设计方案、产品包装等作为教学项目。

（2）课程组织——团队化。改变传统的课堂教学模式，按工作任务分工组建由教师、企业设计师、学生共同参与的工作团队。教师负责课程组织，企业设计师负责工作指导，学生成为设计主体，通过团队合作，最终完成项目方案。通过团队方式来组织教学，改变了传统的师生间上与下单向交流的方式，团队成员在自觉交流和监督中反思自己，并和团队其他成员正确定位自己。团队又通过其成员间不同方式、不同类型和不同领域的互动过程，使各自的优势与能力得以共享与扩展，从而产生“1+1>2”的群体协同效应。在团队中，学生学习到的不仅是知识和技能，还通过合作中的宽容谅解、认可融合，或排除干扰、化解冲突，或增进团结、加强

① 陈利，何静，张来源．作业成为产品，学生成为员工——“五位一体”工学结合项目课程模式探究［J］．中国教师，2008（12）：37～38.

合作，实现学会共处和学会做人的目标，实现知识、技能、团队精神、企业文化的渗透与融合。同时，这样的团队组织也有利于教师“双师”素质的形成、提高和企业收获符合发展需求的“产品”和“人才”。

（3）课程实施——生产化。即课程实施过程完全按照设计行业的要求和程序来进行。如“户外广告设计”不仅要求学生掌握相关的设计表现手法和设计软件，而且要求他们全程参与市场调查、广告设计定位、耗材、设计、制作、后期处理。在这一过程中学院注重培养学生设计时间的快速性、设计方案的效益性、设计制作的成本性、设计产品的应用性等。同时，在这一过程中，变传统的单项设计知识与技能训练为基于工作过程的综合知识的应用与实践训练，提高学生的综合职业素养，缩短学习到工作的对接距离。

（4）课程成果——产品化。对实际工作过程的参与并不是项目课程的最终目的，项目课程要求学生必须完成最终“产品”。因此在实践中，要求学生在参与真实工作的过程中，达到专业要求，实现方案的产品化，接受客户和市场的检验。如2013年，该专业学生完成设计方案120个，根据方案制作成品近80个，被企业采纳的有15个。部分产品推向市场后，反馈良好，受到企业的称赞。通过结果驱动，学生的学习自觉性大大提高。

（5）课程评价——立体化。形成由教师、企业、学生、客户等多主体参与的“三三二二”互动评价方式（教师评价30%，企业评价30%，学生评价20%，客户评价20%）；强调对学生工作过程的评价，对方案拟订、设计、成品、投产、市场反馈等各个环节都要进行跟踪评价；注重定性评价，把学生的态度、表现（知识、技能）、成果等都纳入评价范围中，建立起基于工作过程的多主体、多维度的立体评价体系。

［案例 4］

广州铁路职业技术学院机电类专业中高职衔接“平台 + 专业方向”的课程体系①

广州铁路职业技术学院机电类专业依托学院的工学结合示范园，以园内企业的工作任务（项目）为载体，按照职业技能入门、初级专业职业技能、分专业中级职业技能、分专业高级职业技能、分专业高端职业技能型的层次（中职第一、二年为机电类专业培养，中职第三年开始分专业方向），校企合作开发了中高职衔接“平台 + 专业方向”的机电类专业课程体系。将示范园区内企业的生产任务、加工产品、开发项目及自主研发的产品、学生技能竞赛、技术服务项目等作为教学资源建设的主要对象列入课程内容。

（1）第一年机电类专业文化基础培养（中职阶段）。主要培养机电类专业中职学生认知职业岗位入门和基础知识水平，开设“语文”、“数学”、“机械与电气识图（CAD）”、“电工电子基础”等课程，20% 以上的授课任务在园内企业完成。以园内企业基本的真实工作任务展开教学，通过工学结合园内企业，如大通（广州）机械有限公司简单机械加工零件图识图、广州冠通机械实业有限公司简单灌装机控制电路图识图、广州鸿辉电工机械有限公司绞线机外壳零件图识图等企业的具体工作任务，激发学生的学习热情，培养学生基本职业素养和识图基本技能，为学生今后的职业发展奠定扎实的理论基础和专业基础入门知识。

（2）第二年机电类专业初级专业职业技能培养（中职阶段）。主要培养学生的初级专业职业素养和初级专业岗位基本技能，60% 以上的授课任务在园内企业完成，开设“简单零件毛坯制造实例”、“普通机床操作”“CAD 绘图”、“液压与气动应用”、“电器及 PLC 控制应用”、“传感器应用”等课程，以企业初级难度的真实的工作任务展开教学，使学生达到相

① 李英，欧阳丽．机电类专业中等职业教育与高等职业教育课程衔接体系建设［J］．教育与职业，2013（23）：127～129.

应的初级工岗位职业要求。如以大通（广州）机械有限公司的机械零件毛坯加工、广州冠通机械实业有限公司灌装机外壳的制造、广州鸿辉电工机械有限公司绞线机外壳的制造等工作任务，分别培养学生的职业素养和钳工、电工、焊工、压力加工、机加工等专业初级工职业技能。

(3) 第三年分专业中级专业职业技能培养（中职阶段）。分专业并有重点地培养各专业方向的中级专业职业素养和中级专业职业技能，顶岗实习在园内企业和部分校外相关企业完成。以园内企业和部分校外合作企业的中等难度的真实工作任务展开教学。学生达到相应的中级工岗位职业要求，则可获取相应的中级工职业资格证。如机电一体化技术专业以广州冠通机械实业有限公司的生产线电气控制安装为载体，培养学生的电气控制与安装、单片机自动控制等技能；数控技术专业以大通（广州）机械有限公司的机械零件为载体，培养学生分析零件图、数控技术操作、数控加工工艺编程等技能；模具设计与制造专业以园内企业生产的复合模具为载体，培养学生中级复杂程度的模具设计与制造技能；机械制造与自动化专业以园内企业所需加工的机械零件为载体，培养学生零件图分析、机械结构分析与设计、机床加工等技能。

(4) 第四年分专业高级专业职业技能培养（高职阶段）。分专业并有重点地培养各专业方向的高级专业职业素养和高级专业职业技能，学习任务在园内企业完成。高职生从中职生中择优选拔。70%以上的授课任务在园内企业完成。以园内企业高级难度的工作任务展开教学。学生达到相应的高级工岗位职业要求，则可获取相应的高级工职业资格证。如机电一体化技术专业以广州冠通机械实业有限公司的生产线调试为载体开设相应项目化课程，培养学生的机床电气安装、调试与维修等高级技能；数控技术专业以大通（广州）机械有限公司的精密机械零件为载体开设相应项目化课程，培养学生的数控技术操作、数控装调等高级技能；模具设计与制造专业以园内企业生产的连续模具为载体开设相应项目化课程，培养学生复杂程度较高的模具设计与制造高级技能；机械制造与自动化专业以园内企业所需加工的复杂机械零件为载体开设相应项目化课程，培养学生的机械产品设计与制造等高级技能。

(5) 第五年分专业高端技能型专门人才培养（高职阶段）。分专业并有重点地培养学生的综合职业素养、专业高端技能和创新能力。90%以上的授课任务在园内企业和校外合作企业内完成。以园内企业和部分校外合作企业中的高端工作任务展开教学。学生达到相应的高端技能型专门人才岗位职业要求，则可获取相应的高端工职业资格证。如机电一体化技术专业以广州冠通机械实业有限公司创新设计的生产线调试为载体开设相应的项目化课程，培养学生的机床电气安装、调试、维修等高端技能和创新能力；数控技术专业以大通（广州）机械有限公司的超精密机械零件为载体开设相应项目化课程，培养学生数控设备控制系统安装、调试、维修等高端技能和创新能力；模具设计与制造专业以园内企业生产的各种复杂连续模具工作过程优化为载体开设相应项目化课程，培养学生复杂程度较高的模具设计与制造工艺过程优化的高端技能和创新能力；机械制造与自动化专业以园内企业所需先进加工技术为载体开设相应项目化课程，培养学生先进加工技术的高端能力和创新能力。

［案例5］

广州铁路职业技术学院电气化铁道技术专业实施分段式教学组织方式改革①

针对传统课堂教学组织方式下存在项目课程难以实施、企业难以接收所有毕业生同时实习、兼职教师难以进学校授课、专业教师难以到企业实践、教学资源难以合理利用等问题，广州铁路职业技术学院电气化铁道技术专业实施分段式教学组织方式改革。如图7-1所示，在第3~6学期（第1、2学期公共基础课阶段不分段），分成校内和校外两大段，校内大段主要在第3、4学期实施，在校内进行专业课程分段式教学，校外大段在第5、6学期实施，学生企业顶岗实习并且全年不间断。

① 蔡勤生．高职院校分段式教学组织模式的实证分析：以电气化铁道技术专业为例［J］．南方职业教育学刊，2013（6）：17~20.

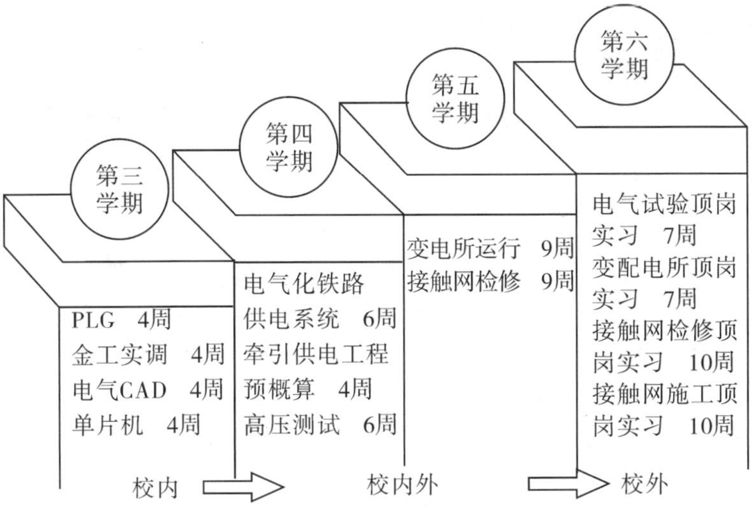

图7－1　分段式教学组织模式示意图

一、校内大段的专业课程实施

校内大段改变同一班级在同一学期，按每个教学单元2课时，多门专业课程齐头并进、同步实施的传统教学组织方式，以“项目”为主导，在同一班级同一学期内，按每个教学单元4课时，专业课程分段连续安排，某一门课程完成之后，中间休整1周，再开另外一门课程。主要措施分为四个分段。①课程内容分段。将内容多的课程分两段执行，如九周的课程可分为两学期，第一学期四周，第二学期五周，保证课程项目能系统完整实施。②教师分段。兼职教师集中上一段，校内老师负责另一段，充分保证兼职教师进校授课。③教学资源安排分段。两个班同时开一门课时，每一个班轮流在不同实训基地上，如将供电基础实训室、接触网实训室每周轮换，高压实训室和变电所实训室之间每周轮换，充分利用校内外有限的实训教学资源。④考核分段。将理论考核融入实践考核中，每完成一个项目（一个阶段）即对学生进行考核，同时，所有阶段考核完成后，综合该学生的阶段考核成绩并作为学生的综合成绩，客观反映学生的掌握程度。

二、校外大段的顶岗实习实施

校外大段改革了原来半年顶岗实习只安排在第6学期的做法，实现了企业全年不间断有学生顶岗实习。具体做法如图7－2所示。从第5学期到第6学期（包括寒暑假期间），与广州供电段合作在沿线车间建立10个“教学工区”，制定系列顶岗实习管理制度：①构建实习安全管理体系，严格执行学生带安全等级证书上岗的企业规定；②校企共同制定顶岗实习管理办法，明确双方责权利，明确组织管理与安全管理措施；③校企共同制定“教学工区”实习内容，规范“教学工区”的实习考核评价办法，实习成绩直接送往订单企业，作为考核学生成绩的重要依据。在此基础上统一将包括订单班的所有三年级学生重新组合后分成两个大组，将订单班学生分为第一组安排在第5学期的“教学工区”实施专业顶岗实习，第6学期在校学习专业拓展课程；其他学生分为第二组安排在第6学期的“教学工区”实施专业顶岗实习。两个大组的顶岗实习和校内专业拓展课程相互交错。

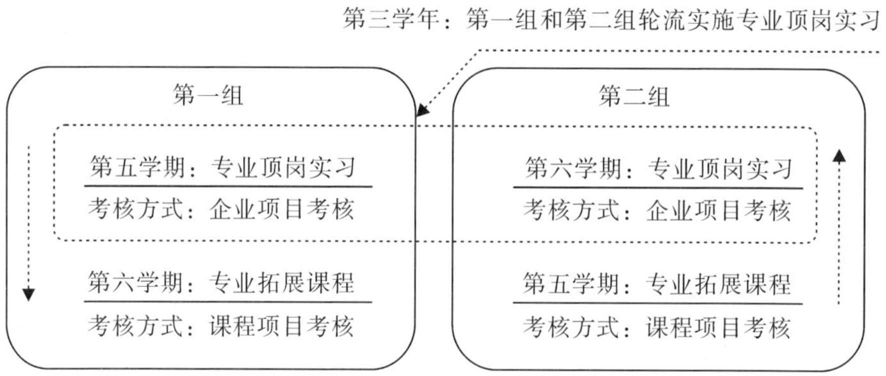

图7－2　分段实施顶岗实习示意图

三、分段式教学组织方式的改革成效

分段式教学组织方式在实践中产生了良好效果，改革成果被纳入教育部“高等职业教育电气化铁道技术专业教学基本要求”、铁道部“电气化铁道技术专业建设评估标准”中，并向全国25所开办轨道交通车务（运营）、机务（机车）、工务（工程）、电务（信号）、车辆、供电（电气化）等轨道交通特有专业的职业院校推广。

（一）促进了专业“项目导向、能力递进”人才培养模式改革

实施以项目导向为主的分段式教学，确保课程按小项目、综合项目、企业项目等分段开展“教、学、做”一体的项目教学，突出了每一个项目的系统性和完整性，促进了专业人才培养方案的优化和“项目导向、能力递进”的课程体系建设，培养了学生的职业基本能力、职业核心能力和职业综合能力。

（二）满足了企业用人需求，提高了学生培养质量

在校外大段的顶岗实习，为学生提供了较充分的顶岗实习岗位，同时在一定程度上缓解了企业缺员问题，提高了学生职业能力和职业素质，促进了专业与相关企业的深度合作，尤其是订单培养方面的合作。如该专业2009—2013届毕业生中进入订单班学习的学生每年都超过200人，占该专业毕业生总数的91%以上。

（三）推行了校内外教师互聘互派制度，促进师资队伍建设

分段式教学由于教学时间相对集中，方便校内外教师互聘互派，所以解决了企业兼职教师难以进校上课、校内专任教师难以到企业实践的问题。保证专业每月安排3名以上校内专业教师分段连续到企业实践，为企业提供技术、产品开发、职业培训等服务，提高了教师的社会服务能力和实践动手能力；企业每年有10名左右的兼职教师分阶段或集中一段时间到学校完成50%以上的实践性较强的专业课程学时和其他专业建设工作。

（四）促进了专业教学资源开发

该专业从2008年至2013年，以分段式教学组织模式改革为契机，以项目为导向开发和实施了5门专业核心课程，其中2门为广州市精品课程、3门为院级网络课程；以项目为导向开发和实施了3门专业平台课程，其中1门为广州市精品课程、2门为院级网络课程；开发项目式校本教材5种。

（五）提高了校内外实训条件的利用率

在校内大段的专业课程中，校内实训设备和实训场地等教学资源分段交错轮换使用，校内实训设备和实训场地利用率达到100%。

第四节　以工学结合为切入点，深化人才培养模式改革

广州市属高职院校以校企合作为基础，以工学结合为切入点，结合各自学校和专业特点，探索、构建了诸多颇具特色且行之有效的人才培养模式，这些专业人才培养模式在高职同类专业中具有很好的示范和推广价值。梳理、总结这些人才培养模式可以发现有以下四个共同的特点：

（1）教学管理制度创新是必要条件。通过教学管理制度创新，为人才培养模式改革释放空间。如广州番禺职业技术学院皮具设计专业、玩具设计与制造专业均是通过教学管理制度来改革创新，从而为专业人才培养模式改革提供必要条件，即教学管理制度应适应人才培养模式改革的要求。

（2）校企合作是基础。职业教育人才培养模式改革主要是为了克服传统学校教育的封闭性弱点，解决人才培养工作脱离市场、脱离实际的问题，要求人才培养工作须符合坚持开放性、突出职业性规定。因此，需要职业院校与行业企业合作。行业企业的深度参与是职业教育人才培养模式改革取得成效的重要条件。如广州铁路职业技术学院构建的“产教一体、寓学于工”的人才培养模式、广州工程技术职业学院探索的现代学徒制人才培养模式改革均是建立在校企合作基础上的。

（3）体制机制创新是保障。职业教育人才培养模式需要行业企业等市场主体的参与，而要保证行业企业的深度参与、长期参与，则需要创新体制机制，寻找校企双方的利益共同点，构建合作平台。如此，人才培养模式改革才能深入持续开展。如广州番禺职业技术学院华好学院是校企合作共建的二级学院，学院在此平台上构建了“三双、四跟、五对接”的人才培养模式；广州铁路职业技术学院构建的“产教一体、寓学于工”的人才培养模式则是依托学院与地方政府、企业合作共建的工学结合示范园；广州工程技术职业学院开展的现代学徒制人才培养模式改革则是以校企共建的教师工作室为平台；广州体育职业技术学院构建的十四年一贯制人才培

养模式则得益于学院“校队合一”的管理体制优势。

（4）“做中学”是基点。职业院校开展人才培养模式改革的目的在于提高人才培养质量，尤其是提高学生的动手能力。自职业教育产生以来，“做中学”一直是职业教育重要的人才培养方式，是锻炼学生动手能力最有效的方式，这在传统的学徒制中表现得尤为明显。虽然现代职业教育已经不能与传统的学徒式职业教育相提并论，但“做中学”的传统依然是各国职业院校坚守的培养方式，只是其内涵在不断发生变化。不论是德国的“双元制”，还是英国的“三明治”，抑或是美国的STW（school to work）或STC（school to career）莫不如此。在市场经济时代，“做中学”的“做”更多地体现在“工作”中，即工作与学习相结合。广州市属高职院校探索、构建的各种人才培养模式，虽然形式各异，具体做法不同，但实质是一样的，即“做中学”或“工学结合”。通过制度创新、体制机制创新、校企合作保证“做中学”或“工学结合”，以此提高人才培养质量，尤其是提高学生的职业能力。

［案例6］

“三方融通、三品递进”的创新型皮具设计人才培养模式①

广州番禺职业技术学院皮具设计专业构建了学校课堂、企业车间、行业市场“三方融通”，作品、产品、商品“三品递进”的创新型皮具设计人才培养模式。

（1）强化培养过程的开放性，解决传统封闭式人才培养模式脱离市场需求的问题。依托学校课堂出作品，立足车间出产品，根据行业市场出商品。通过课堂、车间、市场“三方融通”，教师、技师、经理“三方协同”，作品、产品、商品“三品递进”，把皮具企业的产品制作与学校的设计训练相结合，把国外市场的流行趋势引入学生设计产品中，使设计教学与生产有机结合、设计作品与市场有效对接。

① 张来源等．皮具行业创新型设计人才“三方融通、三品递进”培养模式的实践［Z］．职业教育国家级教学成果科学总结，2014.

（2）开发适应皮具工作过程的以大模块训练课程为特点的能力型专业课程体系，克服传统知识型课程体系不利于培养学生职业能力的问题。采用“理论教学与技能训练相渗透、技能训练与设计制作相融合”的工作坊课程，把国际时尚流行趋势、企业设计方案（制作）、样板开发与学校的设计教学、技能训练相结合，培养学生皮具生产制作能力、产品创新设计能力和市场品牌开发服务能力。

（3）推行“工作制”教学组织方式，克服传统“课时制”教学组织方式能力训练不系统、理论与实践脱离的问题。将企业的生产过程与学校的教学过程相融合，采用“理论教学+技能训练+生产制作”三位一体的作坊课堂，采用理实一体化、教学做一体化的工作坊教学模式。

（4）以创新驱动，解决校企合作的动力机制问题。通过专利申请等方式激励师生创新，同时将师生的创新元素融入企业的转型升级中，以创新驱动产学研用的有效结合和政校企行的协同发展。

（5）实行“双向同步现场、远程实时交流”的现代教学方式，打破传统教学的时空界限。利用现代教育手段，将企业生产过程与学校教学过程数字化同步，企业兼职教师在生产、工作现场直接与在校学生进行双向互动教学，实现校企数字化双向同步实训。

［案例7］

“三方深度融通，三级顶岗实习”人才培养模式①

广州番禺职业技术学院玩具设计与制造专业构建了“三方深度融通，三级顶岗实习”的人才培养模式。

（1）“三方深度融通”主要是指行业协会、企业和学校“三方深度融通”，将专业人才培养计划纳入行业发展规划之中、专业顶岗实习计划纳入企业生产计划中，行业、企业、学校三方共同确立专业人才培养目标，共同

① 广州市“十一五”教育科学重大研究课题组．高职院校内涵发展研究与实践［M］．天津：天津教育出版社，2009. 130～140.

制订体现产业背景的开放式专业人才培养方案，共同建设实训基地，共同承担专业课程教学。师资队伍由行业、企业、学校三方人员共同构成，学生学业由三方共同评价。这一人才培养模式突出体现了三个特点：一是实施主体的多元化。将实施主体由学校扩展到“行业、企业、学校”三方，有效地保证了理论与实践、学校与社会、学习过程与工作过程、学生与员工、教师与工程师等有机结合，确保了专业的人才培养质量。二是实施机制的良性化。一方面，在合作对象上不仅限于某一个具体企业，而是与行业、企业一起合作，与广东省玩具协会合作，并在协会的推动下与具体的协会企业进行深入、具体的合作，这种有行业参与和推进的合作有效地保证了合作的持续性，不会因某个具体企业的变动而影响工学结合人才培养的推进和实施。而且广东省玩具协会将专业建设、专业人才培养纳入行业发展规划之中，成为行业发展的有机组成部分，从而使专业人才培养与行业发展融为一体。另一方面，建立了由行业、企业、学校三方人员参与的专业指导委员会。专业指导委员会的建立，在工作机制上有效地保证了校企合作、工学结合人才培养模式的推进。专业指导委员会定期召开工作会议，其成员积极参与学校课程设置、人才培养方案修订、实习实训、毕业环节等教学工作，参与研究专业岗位能力分析、专业核心课程开发和专业核心能力体系建设及校内外实训基地建设，参与开发专业教材等。三是实施目的的明确化。玩具设计与制造专业改革始终坚持“改革依靠教师，过程服务于结果，形式服从目标”的原则，将改革作为一项系统工程，扎扎实实推进。改革始终在明确清晰的目标指导下进行，始终在广大教师的积极参与下开展，始终在行业、企业、学校的积极协作下推进，并做到“目标明确、热情高涨、措施得当、效果突出”，最终保障和提高人才培养质量，培养出玩具行业企业满意的“一技之长＋综合素质”的高技能人才。

（2）“三级顶岗实习”根据玩具专业人才培养特点和培养目标要求，系统设计和安排专业学生顶岗实习工作，做到顶岗实习阶段化与全程化相结合、制度化与规范化相结合。所谓“阶段化”，是指顶岗实习时间安排一般是集中的，每次顶岗实习 1 至 3 个月。“全程化”是指从学生三年学习生活来看，“顶岗实习”不只是在第一年或第二年或第三年才有，而是贯穿于学生整个三年的学习生涯，是一个“学习—顶岗实习—再学习—再顶岗实习”的过程，而且每次顶岗实习的侧重点不同。这种“阶段化”与“全程化”相结合的顶岗实习既有利于学生集中学习和训练岗位技能，也有利于学生针对顶岗实习中遇到的突出问题在以后的学习中进行弥补，使学生能带着问题学习，有利于提高学习的主动性和积极性，激发学习动机和兴趣，真正将理论与实践相结合，将学习过程与工作过程相结合。“制度化”是指系统规划学生顶岗实习工作，成立专门的顶岗实习管理机构，制定专门的顶岗实习管理制度。“规范化”是指校企共同开发出配套的顶岗实习指导手册，建立顶岗实习考核评价体系，克服“放羊式”顶岗实习、为了顶岗实习而顶岗实习的现象，真正将顶岗实习作为人才培养的重要环节抓紧抓实。“三级顶岗实习”具体实施步骤如下：第一步，职业教育训导。第一年学生以技术工人身份顶岗，目的在于了解玩具生产工艺和流程，以及企业的职业环境、职业规范与道德要求。组织学生在暑期到玩具企业带薪顶岗实习（记入2个学分），让学生对玩具企业有一个初步的了解，为今后从业打下基础。由于玩具行业季节性较强的特点，玩具企业都能够同时接纳20～30名学生进行为期两个月的顶岗实习，并将实习安排纳入企业生产计划中。实习由专业老师带队、企业兼职教师协助，校企双方共同完成对学生的管理和考核，学校和企业同时为学生购买保险来保障学生的安全。第二步，专业技能训练。第二年学生根据自己的专业特点和就业倾向，有选择地到玩具企业的相关部门实习，以工程管理者身份跟班顶岗实习，参加生产组织与管理。学生可巩固和提高自己的专业知识，同时了解下一步需要学习的内容。实习将由企业兼职教师负责管理和考核，学校和企业同时为学生购买保险来保障学生的安全。第三步，毕业实习与就业相结合，提高就业竞争能力。根据企业的用人需求，毕业生与企业进行双向选择，学生以企业试用员工身份独立工作，完成毕业顶岗实习。一方面，毕业实习让学生对专业知识进行了综合运用；另一方面，企业对实习的学生进行就业试用，考核合格者录用。学生将由毕业设计的指导老师跟踪管理，同时委托企业兼职教师协助管理，由企业和指导老师共同考核。

该培养模式的具体内容还包括：行业协会、企业和学校“三方合作”开发与建设工学结合专业课程，如该专业与行业、企业共同开发的专业基础课程“玩具制图与 AutoCAD”2005 年被评为国家级精品课程；“三方合作”开发与建设工学结合专业教材，该专业教师与深圳宝德玩具有限公司合作编写了《玩具制造工艺》、《玩具材料应用基础》，与深圳玩具检测中心合作编写了《玩具安全标准与检测》、《美国玩具标准的解析与应用》等，累计与行业、企业合作编写专业课程教材 10 多部，专业实验实训指导书 10 多本；“三方合作”确保“三级顶岗实习”落到实处，企业不但提供实习岗位，而且协助学校专业教师对学生的顶岗实习进行管理、监督、指导和评价，保证顶岗实习质量；“三方合作”引进教学车间，实现教学与生产相结合，如玩具专业在校内实训室引进玩具生产线，承接企业订单，在企业专业技术人员的指导下，学生进行真实的生产、管理实践锻炼，探索工厂式教学模式改革；“三方合作”建设全国玩具设计师鉴定站，2006 年劳动和社会保障部正式审批并设立了首批 4 个全国玩具设计师职业资格鉴定站，广州番禺职业技术学院是中南、华南地区唯一的玩具设计师鉴定站；“三方合作”推动了学生的课外科技创新活动。

［案例 8］

“三平台、三结合”人才培养模式①

广州城市职业学院食品营养与检测专业构建了校企社政合作下的“三平台、三结合”的人才培养模式。

（1）“三平台”是指职业体验平台、实境训练平台、顶岗历练平台。在学生的技能培养中，学院以职业技能增长为主线，通过“三平台”，分层次逐步提升学生的职业技能，体现教学过程的实践性、职业性和开放性。职业体验平台：按照职业成长规律和学生认知规律，在入学教育中向学生介绍本专业的主要职业岗位，开设入职教育和以国学教育为基础的基本素质培养课程，指导学生进行职业生涯规划，到真实的工作环境了解岗

① 黎海彬等．食品营养与检测专业“三平台三结合”人才培养模式的研究与实践［J］．广州城市职业学院学报，2010（4）：50～56.

位所需的专业技能和应具备的综合素质，在社区、校外实习基地进行职业体验，熟悉岗位环境，感受企业文化。实境训练平台：针对社区营养与保健、加工、检测和品质管理岗位群的能力要求，开设专业学习领域课程，组织学生在教、学、做一体化实训室反复进行技能训练，在校内生产实训基地进行生产实训，并同时开展社区实践教学。实施“学训同步”，实行对单项技能、综合技能以及创新能力的考核评价，使学生获得公共营养师、营养配餐员、食品安全师和食品检验工等多项职业资格证书，通过“职业技能鉴定”。顶岗历练平台：在第三学年进入合作企业、社区，在真实工作岗位进行顶岗历练。在专兼职教师的指导下结合顶岗工作完成毕业论文，提升其创新能力和可持续发展能力。要求学生必须通过企业与学校共同组织的“顶岗工作评价”，达到顶岗要求即可免试用期直接参加工作。通过与食品行业相关企业的合作，学生进入企业顶岗实习可培养学生专业技能与综合素质，提高就业能力；通过与社区、食品行业协会合作，学生进入社区进行食品营养与安全等专业知识宣传，提高学生食品安全责任意识；通过各级人力资源和社会保障局、就业指导中心和行业协会等机构提供就业指导，促进学生就业。

(2)“三结合”是指将食品安全责任意识教育、中华饮食文化与营养健康素养教育、现代食品行业技能教育相结合，并贯穿于人才培养的全过程。首先，通过《食品营养与卫生》、《食品质量与安全控制技术》等课程的教学，使学生掌握食品安全相关法规标准、安全管理等专业知识；通过校内实训和相关社会实践活动使学生树立食品安全责任意识；通过校外专业顶岗实习，规范学生职业行为，养成良好的职业习惯。其次，通过《中国饮食文化》、《食疗药膳制作技术》、《社区营养与健康》、《国学精粹》、《国学实践》等课程的教学，使学生掌握中国饮食传统文化、营养与健康的基本知识和技能，传承中华饮食文化精华；通过校内外实训和社区服务活动提高学生饮食文化素养和营养健康素养。最后，通过《公共营养师（三级技能)》、《营养配餐与评价》、《保健食品加工技术》等课程的教学，使学生掌握公共营养、营养配餐、食品检验、食品品质控制、保健食品研发及营销等食品行业技能；通过“职业体验”、“实境训练”、“顶岗历练”分层次逐步提升学生的职业技能，培养具备现代食品行业技能的高素质人才。

［案例9］

“产教一体、寓学于工”人才培养模式①

广州铁路职业技术学院依托“123”校企合作办学体制机制创新组合拳，充分调动合作企业的育人积极性，引产入教、以产带教，以职业素质养成为基础，以职业能力发展为主线，形成并实施了“产教一体、寓学于工”的人才培养模式。该模式将学校、企业作为教学改革与人才培养的主体，学校与企业共同承担人才培养的任务；利用学校与企业两种不同的教育资源，将企业的资源引进来，把在企业建立的实习、实训基地变成“实习+教学”的校外“专业教学点”，校企全程参与人才培养的过程，实现了专业课程内容和职业标准对接、教学过程和生产服务过程对接、学历证书和职业资格证书对接、职业教育和终身学习对接。学校“产教一体、寓学于工”人才培养模式改革框架如图7－3所示。

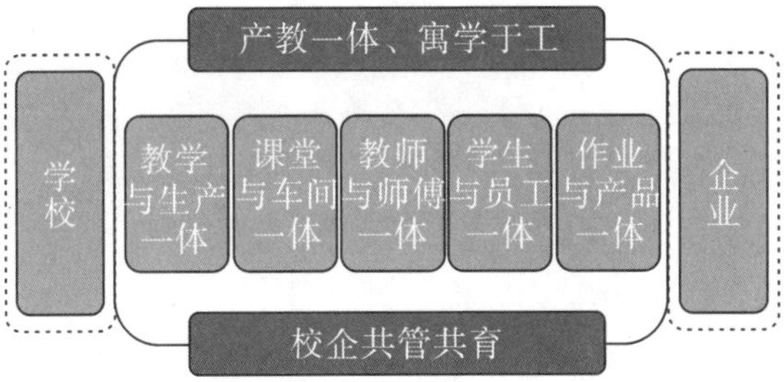

图7－3　学院“产教一体、寓学于工”人才培养模式框架图

为具体落实“产教一体、寓学于工”的人才培养模式内涵，培养“守时、敬业、有责任、讲安全、能干活、下得去”的轨道交通类高素质技能型人才，校企共同确定了理论与实践合一、技术与人文并重、课内与课外互补的“双轨并进、产教一体”的职业技能培养体系，及融基础素质、职

① 蒋新革等．“产教一体、寓学于工”人才培养模式的思与行［J］．教育与职业，2010（35）：26～28.

业素质、创新素质于一体的素质教育培养体系，全方位促进学生知识、能力与素质的协调发展，培养学生的首岗竞争能力与转岗迁移能力。

各专业尤其是各重点建设专业，结合专业特点都进行了人才培养模式的深化改革，重构了专业课程体系。如城市轨道交通车辆专业，校企共同深化了“双平台、三阶段、三定向”人才培养模式，以列车驾驶、车辆检修和车辆制造3类职业岗位群的典型能力为主线重构了专业课程体系，实现了车间与课堂、工作与学习、教师与师傅的融合。该专业人才培养模式及课程体系改革的成效获得院级教学成果一等奖2次，市教学成果二等奖1次。这种人才培养模式改革有效提高了专业的人才培养质量。如在2011届毕业生中，26位学生被广东南车提拔为副工长，占被提拔总量的2/3；2013届毕业生叶剑锋进入广州地铁3个月就取得URM驾驶证，并在对标考试中获得第一名。由城市轨道交通车辆专业学生古育松、刘才明、朱伟锋组成的代表队，在代表广东省参加的首届“全国职业院校高职组城市轨道交通运营与维护技能大赛”中，取得全国大赛三等奖的佳绩等。

［案例10］

现代学徒制人才培养模式①

广州工程技术职业学院计算机仿真专业探索以工作室为基础的现代学徒制人才培养模式。该培养模式包括以下三个方面的内容：

（1）根据学校专业建设的需要和行业的发展情况，创建教师工作室，工作室负责人是由具有丰富的行业企业工作经验的教学名师负责，工作室的其他成员包括企业的能工巧匠和经过工作室传帮带培养的留校“徒弟”。工作室具有企业职能，主要职责是开发校内专业相关项目进行市场推广、对外承接专业相关项目、开展社会服务与培训、开展专业相关业务拓展，同时通过传帮带的形式承担教学的职能，充分利用校内“徒弟”资源。工作室以传帮带的形式组

① 王世安．高职以工作室为基础的现代学徒制研究：以广州工程技术职业学院计算机仿真专业为例［J］．职教论坛，2013（27）：14～16.

织教学，教学设计分为三个层次：第一个层次是将工作室项目分解成一体化项目，按班级连续安排教学（一般是第二学年），如上午由工作室成员传帮带授课，下午所有“徒弟”统一实训，由工作室安排成员或上一届的实习“徒弟”进行指导，完成工作室的真实项目；第二个层次是根据第一层次历练的情况，在“徒弟”与工作室双方自愿的原则下，安排挑选的“徒弟”在工作室实习（一般是第三学年），这些“徒弟”在完成项目研发的同时还要指导下一届“徒弟”的实训，以勤工助学的形式补助实习“徒弟”的实习报酬；第三个层次是“徒弟”在经过工作室近两年的历练的同时，还要根据工作室的发展情况，以优胜劣汰的原则安排部分优秀“徒弟”留在工作室就业，其余推荐就业。这种以工作室为基础的现代学徒制，采用多对多的模式，即每个“徒弟”拥有多个“师傅”，每个“师傅”也可以带多个“徒弟”，采用不同的讲授和培训方式让“徒弟”更容易地接受不同的学习内容，有利于提高高职人才的综合素质。同时，也改变了仅一个“师傅”带徒弟的不良习惯，解决了传统学徒制师傅不足的问题。

（2）以王世安计算机仿真工作室为基础，联合爱迪斯通公司和中视典数字科技有限公司等企业，按照工作过程系统化方法设计、建立相关课程体系，主要分为平台基础课和一体化项目课。平台基础课是对专业的初步认识的理论基础课，一体化项目课来自于工作室实际项目，以师傅传帮带形式展开。

（3）从三个方面构建教学质量评价体系：一是学历与职业技能证书获取情况。教学质量评价与劳动制度的实际相结合，学校的学历评定委员会为“徒弟”颁发学历证书，通过劳动部职业资格鉴定考试的“徒弟”则可获得资格证书。同时，工作室也为“徒弟”颁发企业技能证书。二是参加各类技能竞赛的获奖情况。“徒弟”可以通过带徒工程完成工作室的真实项目，可以利用这些项目参与政府、行业、企业等举办的各类技能竞赛，甚至可以完成专利项目的申请与推广。这些各类技能竞赛的获奖，不仅是对工作室及其项目的最好宣传，也是“徒弟”能力的直接证明。三是项目的社会效益和经济效益。从项目的策划与创意到最终项目的完工，“徒弟”自始至终都参与其中，项目所产生的社会效益和经济效益是带徒工程的成果的有力证明。

实践证明，这种以工作室为基础的现代学徒制人才培养模式有力地推动了学校的人才培养、技术研发和社会服务工作。如广州工程技术职业学院王世安计算机仿真工作室，已经研发出用于高校招生就业宣传和实际体验的“校园虚拟场景漫游仿真”（导航版和旗舰版）、配合广州市垃圾分类推广工作开展的“广州市垃圾分类3D游戏”、用于中央财政支持专业——物流专业实训的“3D物流快递虚拟仿真实训软件”、用于新产品展示和贵重设备演示的增强现实软件、用于校园安全警示教育（first time）的系列虚拟现实互动仿真软件、用于广州市重点专业——会计专业的“《财务会计实务》三维岗位化仿真教学系统”、用于中央财政支持专业——石化专业的安全仿真软件等。2012年研发的“物流快递虚拟现实仿真”项目荣获全国第16届多媒体教育软件大赛一等奖；研发的“垃圾分类游戏”（garbage）成功入围2013年大中华区Unity首届游戏创意设计大赛决赛，并最终获得优选奖，是最终获奖的9个作品之一，并且是仅有的两个来自大陆地区的获奖作品之一。

［案例11］

“十四年一贯制”竞技体育人才培养模式①

一、改革背景

学训矛盾是我国在运动员培养过程中普遍存在且长期存在的问题，高水平竞技体育运动员的培养需要长期、系统、艰苦的训练，传统的体育人才培养模式中的运动训练消耗了学生大量的体力和精力，影响了学生的文化学习，同时由于急功近利地片面追求运动成绩，所以容易出现文化学习与运动训练相互对立的现象。但是我们应当意识到，运动员运动成绩的增长，不仅需要最大限度地发挥运动员的体能和机能，也需要挖掘运动员的智能，智能训练的基础就是运动员的文化素质；同时伴随着运动生涯的结束，运动员迟早都要面临转型就业的问题，如果文化素质低下，就会在激烈的社会竞争中处于劣势地位。因此，在竞技体育人才培养方面应正确处理学训矛盾。

二、主要做法

为有效解决学训矛盾，广州体育职业技术学院根据体育人才成长规律

① 摘编自《2013年广州体育职业技术学院省级示范性院校建设方案》。

和教育规律，以解决运动员的教育与竞训非均衡发展问题为重点，构建了“十四年一贯制”的竞技体育人才培养模式（如图7－4所示）。即坚持基础教育、运动训练、职业教育“三位一体”协调发展，在九年义务教育阶段，融入职业教育的理念和课程，让义务教育与高职教育有效衔接。具体改革措施有：

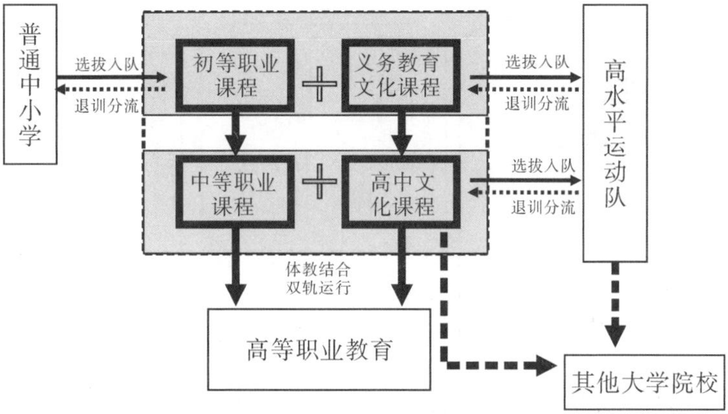

图7－4　“十四年一贯制”体育人才培养模式结构图

（1）明确初等、中等、高等三个阶段的教育目标和培养任务。初等职业教育阶段，着重夯实学生的专项技能及文化学习基础，建立融运动技能训练、义务教育学习及初步职业意识培养于一体，具有体育行业特色的初等职业教育平台，使其形成初步的职业意识和职业道德观念，并向上级运动队选拔、输送优秀运动员；中等职业教育阶段由半专业训练逐步向专业训练转化。本阶段人才培养目标在为继续向上级专业队选拔、输送优秀运动员的同时，也完成竞赛周期中的省运会、城运会、亚运会等各项比赛任务，获取国家各级运动员证书和初级职业证书，逐步开设体育职业素养课程，帮助运动员明确职业方向，并进行初步的职业规划，使其顺利进入学院的高等职业教育专业，或通过体育类单考单招等升学途径进入其他大学院校学习；高等职业教育阶段逐渐完成退训运动员的职业转型，由单纯的竞技体育人才培养向综合性体育人才过渡，使运动员在获得学历证书的同时，也获取社会体育指导员中级证书等多种职业证书，培养具有扎实的文化基础、良好的体育职业素养和专业技术能力的高素质体育技能型人才。

（2）构建初等、中等、高等职业教育相互衔接、学训结合的课程体系（如图7-5所示），它不仅包括职业基本素质课程模块、职业通用能力课程模块、职业岗位能力课程模块和职业拓展能力课程模块，也包括必要的专业基础课程和专业课程，可加强基础教育、运动训练、职业教育之间的相互渗透。

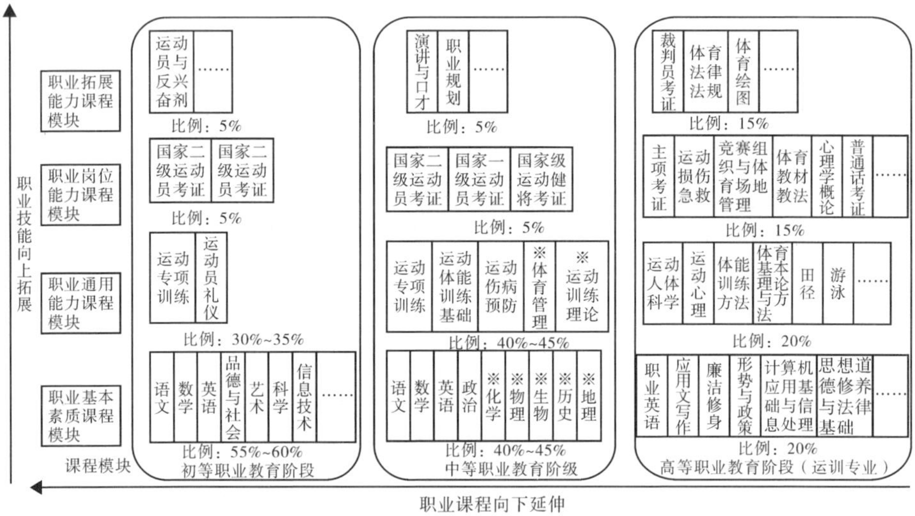

注：以体育运动系运动训练专业为例，※为选修课程。

图7-5　优化整合体育人才培养课程体系图

（3）建立灵活的、富有弹性的教学管理制度，实施弹性学制和学分制，改革考核评价制度。初等、中等职业教育阶段受训的运动员，可以根据其竞技专项比赛成绩及文化学习基础，安排其文化课程学习；[①] 针对不同时间段的运动员的学习情况，实施“五年一贯制”、“3+2”分段、“2+3”分段等不同学制，并制订相应的人才培养方案；建立融文化学习、训练比赛和职业素养于一体的学生综合评价体系，既要评价学生的学业情况，也要评价学生的训练情况、比赛水平及职业素养，并根据不同级段设置不同

① 冯骏杰等．体育高职院校竞技体育后备人才培养模式的研究［J］．南京体育学院学报，2013（4）：90~94.

的评价比重；实施院内学分认证制度，学生在初等、中等职业教育阶段取得的比赛成绩、选修的专业或文化课程可以认定相应的学分，在高职阶段可以免修相应的课程及免交相应的学费，鼓励学有余力的学生提前选修高职课程，从而推动各阶段职业教育的有序、自然衔接。

［案例 12］

“协同中心，双轨育人”专业群人才培养模式①

广州科技贸易职业学院商贸学院以会展专业为核心，带领由国际贸易、市场营销、财务管理、商务英语等五个相关专业构成的专业群，实施校企深度融合，协同创新发展，探索构建了“协同中心，双轨育人”的专业群人才培养模式。该模式一方面整合专业对应的行业企业，组成职教集团式的商务服务产教联盟，开展产教活动，支撑合作育人，并作为校外育人的一条轨道，有效提高了学校服务产业能力和实践教学水平；另一方面整合五个专业的学术力量成立了创新学术团队，研究专业建设与产业服务的有关问题，支撑校内教学，并作为校内育人的一条轨道，全面提升校内人才培养水平。在双轨育人的条件下，该院商贸学院利用学校“协同创新中心”的平台，以项目工作室为硬件载体，以商务服务产教联盟为主要合作对象，以创新学术团队为主要力量，组建了商务服务协同创新中心，开展了“产学研”活动。同时还引入与实施了“琶洲展馆项目”、“米伦营销外包项目”、“ 4 tranz 4 印度咨询公司项目”等，取得了服务产业、合作育人、协同创新的良好效果。

① 摘编自《广州科技贸易职业学院 2012—2013 学年度高等职业教育人才培养质量报告》。

[案例13]

“一载体、双平台、三融合”人才培养模式①

广州科技贸易职业学院动漫设计与制作专业紧贴动漫游艺产业需求，联合广州市凯昌电子有限公司、广州顺普动漫科技有限公司等企业，探索了“一载体、双平台、三融合”的人才培养模式改革。即以创新工作室为载体，工学结合师生共创学习研究环境，实现“教、学、练、做、赛、创”一体化的教学模式；以校企互动训练基地、校企合作实训基地为平台，实现实践教学与服务社会效果的双提升；将岗位能力与课程体系、项目导向与技能实践、艺术创意与技术创新三方面紧密融合，构建现代职业教育教学体系。该模式有效地提升了人才培养质量。如2013年在北京举办的第三届全国大学生绿色游戏动漫设计大赛上，该院动漫设计与制作专业学生获得了“游戏策划”项目特等奖（绿色火炬奖/第一名）、“FLASH游戏”项目二等奖、“手机游戏”项目两项三等奖等，同时，学院还获得了“最佳组织奖”的称号，是全国唯一获此殊荣的高职院校。

[案例14]

“三双、四跟、五对接”人才培养模式②

广州番禺职业技术学院校企共建的“华好学院”构建了“三双、四跟、五对接”的人才培养模式（如图7-6所示）。“三双”是指学生、教师和领导；这三个主体都有双重含义，学生有双重身份，即既是学院的学生又是企业的学徒；教师有双重角色，即既是学院的老师又是企业的美容师或管理顾问；而领导则有双重责任，即既是学院院长又是企业总裁。“四跟”是指“专业跟着行业企业走、课程跟着服务管理走、教学跟着岗位标准走、教材跟着项目任务走”。“五对接”是指专业与职业岗位对接、专业课程内容与职业标准对接、教

① 摘编自《广州科技贸易职业学院2012—2013学年度高等职业教育人才培养质量报告》。
② 摘编自《广州番禺职业技术学院2012—2013学年度高等职业教育人才培养质量报告》。

学过程与生产服务过程对接、学历证书与职业资格证书对接、职业教育与终身学习对接。这样的人才培养模式从体制、机制上保证了将校企合作、工学结合全方位地内植到人才培养的全过程中，从而保证专业与职业岗位对接、专业课程内容与职业标准对接、教学过程与生产服务过程对接、学历证书与职业资格证书对接、职业教育与终身学习对接。

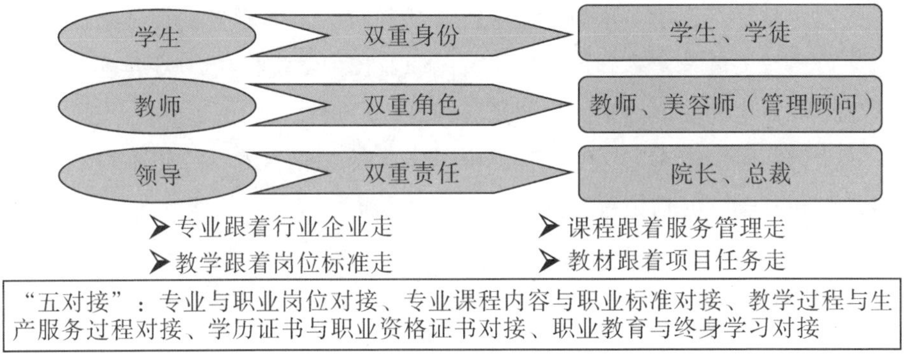

图7-6　“三双、四跟、五对接”人才培养模式图

第五节　以立德树人为根本，实施综合素质教育改革

广州市属高职院校坚持以立德树人为根本，将社会主义核心价值体系融入教育教学工作中，积极推进综合素质教育，培养学生的综合素质，为学生可持续发展奠定基础。如广州番禺职业技术学院早在2003年实施了以大学生职业生涯发展为主的素质拓展计划；广州城市职业学院在2006年成立了全国高职院校首家国学院，以提升学生的文化素养；广州工程职业技术学院建立学生诚信银行，强化学生综合素质培养。

［案例15］

基于职业生涯发展的大学生素质拓展计划①

一、实施背景

2002年3月，团中央、教育部、全国学联在总结全国各高校开展素质教育实践经验的基础上，提出了《关于实施“大学生素质拓展计划”的意见》，并在全国选择了63所院校开展试点工作。广州番禺职业技术学院虽然不是试点院校，但敏锐地感觉到这个计划对提高人才培养质量的现实意义。因此，自2002年下半年开始，学院结合高职教育特点，基于学生的职业生涯发展来设计、规划、实施“大学生素质拓展计划”。

二、主要做法

构建了由三大内容、四个环节、九大活动组成的素质拓展框架。三大内容：思想道德素质、职业素质和身心素质；四个环节：职业设计导航、素质拓展训练、建立评价体系和职业市场认同；九大活动：为培养学生的思想道德素质，构建了“固本强基工程”、“文明修身工程”和“青年志

① 广州市“十一五”教育科学重大研究课题组．高职院校内涵发展研究与实践［M］．天津：天津教育出版社，2009. 66～76.

愿者活动”三大活动体系；为培养学生的职业素质，构建了“专业技能竞赛”、“专业学习型学生社团”与“社会实践和创业实践活动”三大活动体系；为培养学生的身心素质，构建了“大学生读书计划”、“心理健康教育”和“文艺体育活动”三大活动体系（见图7-7）。

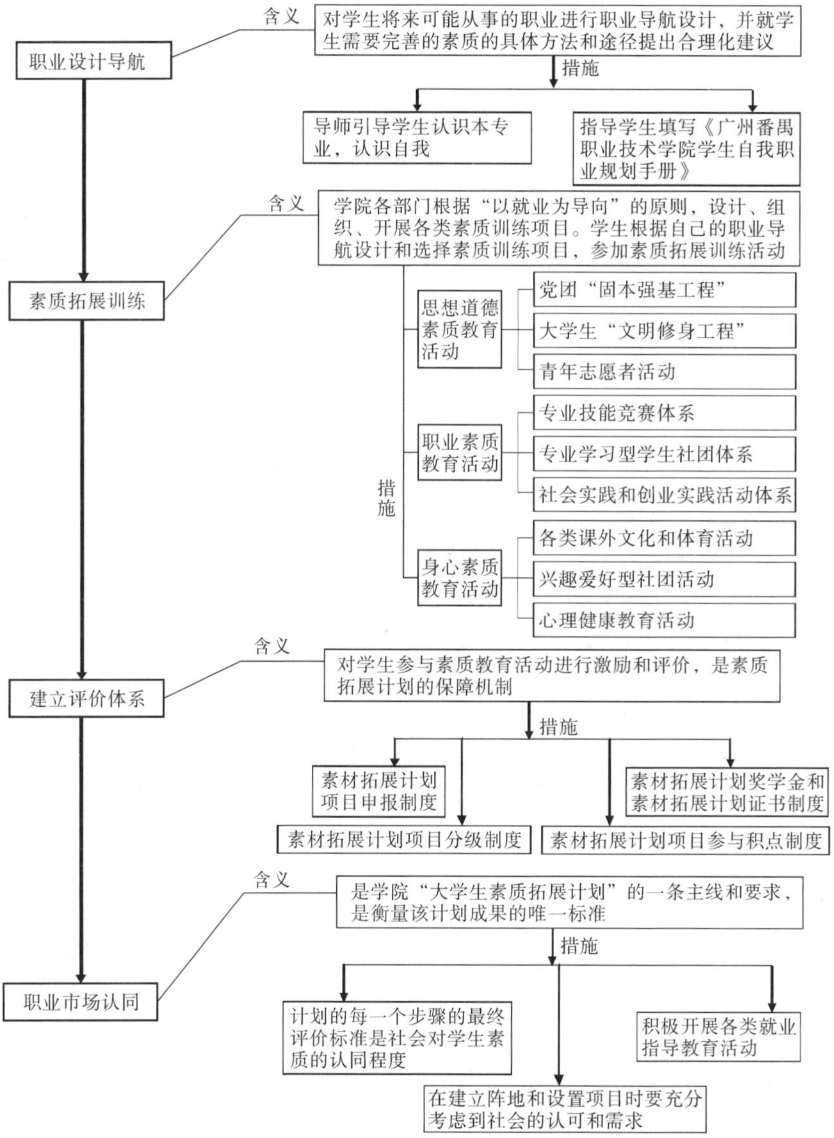

图7-7　广州番禺职业技术学院“基于职业生涯发展的大学生素质拓展计划”实施框架图

（一）第一个环节：职业设计导航

根据每一个学生的特点、爱好和能力，在新生入学之初就帮助他们对将来可能从事的职业进行职业生涯设计，就学生为达到未来职业需要的素质，提出实现的具体方法、途径以及相关的建议，帮助学生建立成才目标，引导他们有意识、有选择地参加各种素质培养训练活动。在学期中帮助学生调整职业设计规划，以及对学生进行就业择业指导。职业设计导航工作主要由毕业生就业指导中心牵头，院团委以及教务处协作，具体实施工作由各教学单位组织各班级的学生导师、学生辅导员以及新生班主任完成。主要包括两方面的工作：一是帮助新生正确认识自己的专业。在新生入学时统一安排专业介绍和专业熟悉活动，组织专业教师对新生开展专业教育，帮助学生了解专业前景和就业去向，树立专业意识。二是结合实施学分制下的班级导师制度，为每个自然班配备班级导师，并通过各班级导师引导学生认识本专业，帮助学生认识自己，确定目标，制订大学期间学习和生活计划，进而根据学生的职业兴趣和能力方向对学生进行职业设计导航。学院要求班级导师根据本班学生的职业兴趣和能力方向对学生进行职业设计导航，帮助学生根据职业设计的内容选择各种素质拓展训练项目，同时对学生的就业、择业进行指导。为了使“职业设计导航”工作规范化，教务处要求各班级导师填写《导师工作日志》，将自己对学生开展的职业指导工作记录下来并作为班级导师年度考核的依据之一；就业指导中心和校团委还设计了《广州番禺职业技术学院学生自我职业规划手册》，根据规划手册，学生在班级导师的帮助指导下，分析自己，规划自己在校期间的学习和生活。

（二）第二个环节：素质拓展训练

素质拓展训练是对学生进行素质教育的主体工作，也是“大学生素质拓展计划”最主要的内容。在完成职业导航设计之后，学生在老师的指导下根据自己的职业导航设计并选择相应的素质训练项目，按照相应项目积极参加由各部门开展的素质拓展训练活动。学院各部门以就业为导向，根据不同阶段和层次的学生不同的成才需求，设计、组织、开展各类素质训练项目。具体而言，包括三大活动内容。

一是思想道德素质教育活动。思想道德素质教育活动主要培养学生的政治素质和道德素质，特别是培养学生作为社会主义建设者和接班人的社会主义核心价值观。为此，学院除了发挥传统的思想政治教育课的主渠道作用外，还构建了党团“固本强基工程”、大学生“文明修身工程”和“青年志愿者活动”三大学生思想道德素质教育主干活动，具体包括业余党校学习、业余团校学习、政治理论型和公益服务型学生社团活动、文明修身活动、学雷锋活动、社会实践、政治学习竞赛、时事政治报告、组织志愿服务型学生社团等多种形式。

二是职业素质教育活动。职业素质教育活动是学院整体素质拓展计划中的核心内容，主要培养学生专业发展上所需要的职业素质，它和专业建设密切相关，是专业人才培养的重要补充。为此，学院构建了“专业技能竞赛体系”、“专业学习型学生社团体系”、“社会实践和创业实践活动体系”等三大主干活动体系，包括“挑战杯”科技竞赛和创业竞赛、科技节、校内外各专业的技能竞赛、假期专业实践、暑期三下乡、学生创业活动、专业讲座、专业学习型学生社团活动、企业参观、职业教育活动等多种形式。

三是身心素质教育活动。身心素质教育活动是学院开展学生“个性教育”的重要载体，主要培养学生的文化、艺术、体育、健康心理等素质，充分尊重学生的个性，保护和引导学生的个性发展。身心素质教育活动由各类课外文化和体育活动、兴趣爱好型社团活动和心理健康教育活动组成。如每年的大学生文化艺术节、校运会、体育节、女生节以及各类文艺比赛和体育比赛等，为学院的第二课堂增加了活力；“成功者读书协会”、“礼仪协会”、“定向运动协会”、“舞蹈协会”等不同类型的基于学生个人喜好的社团，开展了众多健康有益、大学生喜闻乐见的活动。

此外，为了进一步扩大素质拓展训练活动的成果，学院还推出综合性大型素质拓展系列活动“我的七彩年华”。该活动由七大版块组成，在策划创意上将深厚的文化意蕴、学生能力素质指标、可行性训练方式有机结合，形成具有学院创新特色的高职学生素质拓展方案。七个版块分别是“赤色板块：我的番职——职教与番职手册”，该活动版块主要让学生了解职业教育的基本精神、了解学院；“橙色板块：我的创见——专题研讨训练与比赛”，该活动版块主要是以专题的形式激发学生的探究精神，培养知识的综合运用能力等；“黄色板块：我的口才——辩论训练与比赛”，该活动版块主要是通过辩论赛的形式，培养学生的应变能力、口头表达能力、团队合作精神；“绿色板块：我的英语——英语口语训练与比赛”，该活动版块主要是培养学生的英语沟通能力，激发学生的英文学习热情和兴趣；“青色板块：我的网络——文献检索与演示制作”，该活动版块主要是培养学生信息收集与处理能力；“蓝色板块：我的书架——读书知识训练与比赛”，该活动版块主要是通过让学生阅读一些经典书籍，拓宽学生的知识面，培养其科学与人文素养；“紫色板块：我的创造——社科科技作品比赛”，该活动版块主要是培养学生的创造力、动手能力与团队合作精神。每个板块的训练既各有其侧重点和针对性，又紧密结合构成一大体系，能全面训练学生的综合素质。

（三）第三个环节：建立评价体系

建立评价体系就是为了保障素质拓展训练计划能得到有效的实施。

一是制定了素质拓展活动项目申报制度。每个学生根据学院下发的《素质拓展活动项目申报指南》，在老师的指导下，申报自己开展的活动，制订活动的年度计划。所有申报的活动要最终汇集到各级素质拓展领导小组处进行审核。各级素质拓展领导小组把审核通过的项目认定为学院大学生素质拓展项目，向全院或全系公布，并统一冠名为“广州番禺职业技术学院素质拓展认证项目”。学生参加认证项目可以获得素质拓展学分，参与评定奖学金，可以把活动经历填入《大学生素质拓展证书》。

二是建立素质拓展考评体系。构建了以计算素质拓展积点、评定素质拓展奖学金和填写素质拓展证书为主要内容的学生参与素质拓展活动的考评体系。每个学生参加的学院认可的各类活动都可以获得相应的素质拓展积点，这些积点可以转化为素质拓展学分，并作为学院评定素质拓展奖学金的依据。同时，将传统的综合测评奖学金一分为二，分为学业奖学金和素质拓展奖学金，鼓励学生多向发展。另外，学院还统一为学生发放《大学生素质拓展证书》，作为学生参与素质教育活动的证明。

三是素质拓展活动项目分类认证。为了保证对素质拓展认证项目活动内容的导向作用，确保学生以更大的热情参与到对自身发展有重大意义的活动中（如专业技能训练活动、专业实践活动以及思想教育活动等），学院将素质拓展认证项目分为基本项目、主要项目和一般项目，每一项目规定不同的参与积点，同时按照意义程度投入不同的活动资源。基本项目主要为学院统一主导的活动以及各系的品牌活动（如创业实践活动、各系专业技能大赛等）；主要项目主要为各系主导的重要活动；一般项目主要为各学生班级、各学生社团组织的活动，一般情况下不需要经费支持。基本项目和主要项目构成素质拓展训练活动的主体，得到学院和各系投入经费的重点支持。

（四）第四个环节：职业市场认同

职业市场认同是学院“基于职业生涯发展的大学生素质拓展计划”的主线。因为实施“基于职业生涯发展的大学生素质拓展计划”的最终目的就是让全体学生获得职业市场认同，促进学生就业和职业生涯发展。在实际操作中，职业市场认同贯穿于其他三个环节，因为“大学生素质拓展计划”的效果以社会对学院学生素质的认同程度为最终标准。因此，学校要求各部门、各学生组织在建立阵地和设置项目时，要充分考虑到社会的认可和需求，并按照社会需要和未来就业需要来拓展学生素质，通过“职业市场认同”环节，把整个素质拓展计划与学院的毕业生就业工作有机地结合起来。

三、实施成效

“基于职业生涯发展的大学生素质拓展计划”强化了学院“一技之长+综合素质”培养目标中的综合素质培养，实效显著。学生就业率一直高居广东省本专科院校前列，如2013年度学院应届毕业生的就业率达到99%，比全省专科生就业率高2.4%；用人单位对学院毕业生的满意率高，如在2013年调查报告中，用人单位对该院毕业生满意率达70%，不满意率不足2%；以顶岗实习与创业实践为主要内容的学生暑期“三下乡”活动连续七年获教育部、中宣部、团中央表彰；“基于职业能力发展的高职素质教育体系构建与实践”成果获国家第六届高等学校优秀教学成果二等奖、广东省一等奖；学生专业技能竞赛成绩显著，如2012—2013学年，该院学生获得23项国家级和62项省部级奖励，珠宝学院学生在“2013新加坡设计奖”比赛中夺得两项冠军，工商系学生在第十三届“挑战杯”中国大学生课外学术科技作品竞赛中荣获二等奖及交叉创新二等奖。

［案例16］

以国学教育为核心开展人文素质教育①

广州城市职业学院自建校之初就开始了以国学教育为核心的人文素质教育实践。该院依据人才培养目标，根据学生的特点和需求，以学生为主体，以兴趣为出发点，以实践为核心，将令人生畏的国学变成了生动亲切的国学，将板着面孔说教的国学变成了学生亲身实践的国学。学生们在对国学理论的探讨中汲取了有益于身心的营养，在对国学的践习中丰富着自己的校园文化生活、改善着自己的人文气质。学院成立了国学研究所，确立了以普及国学思想为基础、以开展国学实践为核心、以提升师生整体人文素养为宗旨，带动国学的应用研究这一人文教育方针，从而以新的视角和方法，探索出一条行之有效的人文素质教育之路。

一、创新课程设置与课堂教学模式

课程的设置和建设是人文素质教育的重要一环。与一般高校泛泛开设通识教育课程不同的是，广州城市职业学院采取了必修课与选修课相结合的课程设置模式以及“理论精粹＋书画琴茶”的必修课教学模式。“国学精粹”被确定为全校公共必修课，并正式纳入各专业的人才培养方案当中，在新生入学的第一学期开设。经过广泛调查及反复论证，学院探索出一种理论课教学与实践课教学密切结合的“9＋9”学时的授课模式。理论课教学针对学生存在的具有普遍性的人生困惑，对儒、道、佛三家进行画龙点睛式的讲解及讨论；实践课教学则通过经典诵读、书法、国画、古琴、古筝和茶艺等各类兴趣班的形式展开，其目的是为学生提供探访中国传统艺术宝库的门径。如此一来，最初带有强制性的课程学习很快就转化为学生自觉的选择，在短短的时间内，越来越多的学生在国学学习上经历了一个“从无到有，从少到多，从误到正，从粗到精”的过程之后显露出对国学的浓厚兴趣。实践证明，这种课程设置及教学方式不仅使学生整体

① 李训贵，宋婕．大学人文教育路径的思考、选择与实践［J］．中国高教研究，2009（5）：70～71.

的精神气质得到了改善，还让他们在专业之外又习得一门可以伴其终生的技艺，为他们将来求职就业创造了有利条件，所以颇受学生的认可和欢迎。

二、搭建高水平的人文素质教育平台

为搭建一个高水平的人文素质教育平台，学院开设了“城市国学讲坛”，既作为学时不多的“国学精粹”课程的延伸，更作为学校的品牌文化栏目，为学院师生深入了解传统文化开辟了一个重要窗口。

与课程建设相对应，“城市国学讲坛”分为理论型讲座和实践型讲座两大类。理论型讲座以国学所传递出的人生智慧为主线，涵盖了我国传统的哲学、历史、文学、美学等各个方面。讲坛始终重视将国学理论教育的系统性与普及性相结合，在维持专业性和学术性的前提下，增强通俗性和趣味性，力图在每次课程的两个小时中让听众感受到国学的魅力及对人生的启迪作用。而琴、棋、书、画、茶等国学实践自古以来就是文人雅士们用以陶冶性情、修养身心，乃至进行社会交往的必修课。因此，“城市国学讲坛”还邀请了一批书画、国乐名家，开设了如书法、国画、古琴、古筝以及茶艺等实践类讲座。这些讲座作为理论课讲座的补充，极大地开阔了学校师生的文化视野，提升了师生的审美情趣。

三、营造以国学教育为核心的校园文化氛围

营造校园文化氛围包括硬件和软件两个方面的建设。在硬件方面，学院建成了国学阅览室和国学活动室。阅览室陈列了包括《四库全书》、《续修四库全书》、《四库禁毁书丛刊》等大型丛书在内的万余册国学书籍。而茶艺室、书画室、国乐室等国学活动室既是学生们日常上课、修习国学的基地，也是课余吸引全校师生感受国学、放松身心的场所。在软件方面，学院定期或不定期地组织各类高品质的国学实践活动，如确定每年9月为学校的“国学活动月”，每年开展一次“国学经典诵读大赛”等；建立国学教育信息平台——国学传习网，提供国学要闻、理论教学、国学讲坛、国学资源、国学实践、国学人生等教育资源和讯息。通过国学实践活动和国学教育信息平台营造出浓厚的校园国学文化氛围，让初入校门的大学生强烈地感受到学校独特的文化追求，为他们初步奠定未来职业生涯的人文根基。

四、组建以普及和推广国学为宗旨的学生社团

大学人文教育的最终目的，是让学生由人文教育的受体变成践行人文的主体，向内提升自己人格修养、改善自身的生活质量，向外则服务他人、奉献社会，为推动社会和谐发展尽一分力量。为达此目的，在课程学习的基础上，学院组建了以普及和推广为宗旨的各类学生社团，以学生为中坚力量，不但将国学教育的果实撒遍校园的每一个角落，同时将学院的国学教育推广到社区，从而拓展国学传播的空间，使更多的人受惠。

［案例17］

创新育人工作模式，培养“有教养、有本领”的技术技能人才

广州工程技术职业学院创新育人工作模式，着力培养“有教养、有本领”的技术技能人才。

一、确立“有教养、有本领”的人才培养目标

“有教养”包括思想道德素质、身心素质、生活素质、文化素质、职业素质、创新与科学素质等规格要求；“有本领”包括专业技能、专业素质的扩展，技能证书等要求。

二、构建宽基础、多样化的课程体系

根据学院“有教养、有本领”的人才培养目标，设置了公共课、专业课两个基本课程类别和九个二级课程类别，课程体系注重宽厚的基础和多样化的课程设置，培养学生的综合素质、突出的专业技能和适应职业的发展能力。

三、开展素质拓展，提升学生综合能力

学院坚持“育人为本，德育为先”，把立德树人作为根本任务，以“体验、感悟、成长”为素质教育主线，着力打造大学生素质拓展基地，创新大学生综合素质教育体系。通过素质训练，促进班级管理模式由“管”向“引”、由“训”向“悟”转化；促进德育由说教模式向活动和体验模式转变，大大增强德育的实效性；充分发挥学生在学院各项事务中的民主管理作用，全面培养学生的管理能力，在各部门试行了大学生岗位

助理模式，并取得较好成效；建设大学生事务中心、大学生服务中心、大学生督导中心、大学生新闻中心等一系列职业型社团，并在此基础上开展职业技能大比武活动，加强对学生“创业、创新、创优”精神和实践能力的培养；通过加强各类学生社团建设，增强学生自我教育、自我管理和自我发展的能力。

四、以“教养工程”为抓手，创新育人工作新模式

学院于2006年启动了以育人工作课程化管理为手段、通过“教、学、做、养”一体化方式、以培养学生拥有适应生活和职业发展的完整素质为目标的“教养工程”。为了落实“教养工程”的基本目标和工作理念，学院构建了全面系统的“教养工程”六大工作体系，从课程建设、才艺技能培养、工作实践、行为养成、信息管理、工作队伍等多方面入手，全方位开展育人工作新实践。在对2009届毕业生用人单位的反馈调查中，100%的毕业生被用人单位评定为称职，其中优良率占92.99%。学院课程化管理的“教养工程”和学生职业素质培养的经验得到省教育厅和教育部的关注并在省教育厅、教育部有关会议上交流。

五、主办“华光论坛”

2008年，学院设立“华光论坛”，每月一坛，邀请党政官员、权威的学者专家以及有影响力的社会知名人士主讲。以通识教育的功能作为主坛的基本定位，着眼于人文知识的传播，与分坛专业性、学科性的特质形成互补。主坛倡导思想解放，学术自由，鼓励争鸣，目的是开阔师生的视野，让他们知道更多学校以外、学科以外的东西，营造校园健康、活跃的文化氛围。如邀请美国首位华人市长、学院的客座教授黄锦波博士，让他以外国人的眼光来点评学生的日常行为操守。黄锦波博士对教员的职业着装、学生的校园穿着进行点评，并由此及彼、由表入里、由浅入深，和大家一起围绕着校园餐厅的礼仪食相、人与人之间的交谈礼貌、公共场合的礼让规矩等展开探讨和讲评。经黄博士一番点拨，大家深得教益。随后，学院把这些活生生的话题，整理编辑成一个彰显礼仪文明的脚本，组织师生录制成VCD，作为大家认识现代文明、行为自我教育的生动教材。

六、建立学生“诚信银行”

学院依据《高等学校学生行为准则》等有关规定，对学生学习、实

践、生活等方面的表现，经过摸索积累，建立了一套独特的用分数形式进行量化考核的“诚信银行”存扣分体系。这个“诚信银行”管理体系的原理并不深奥，讲白了就是做得好就加分，做不好或违规了就扣分。例如，获得学习方面有关等级证书、积极参加各种公益活动、坚持体育锻炼、无抽烟赌博酗酒等不良行为、勤俭节约的，每一项都可以加分；而抄袭作业或论文、学费住宿费等无故不按时缴纳、大声喧哗影响他人休息、在公共用品或墙壁上乱涂乱刻等，同样是每涉一项就要扣分。这些规定对学生、老师和家长都是公开透明的。一个学生如果三年下来积分过低，说明他的操行不及格，就不能毕业了。如此一来，每个同学对自己该做什么、不该做什么都一清二楚，会得到什么奖惩也明明白白。

［案例18］

以校企合作为依托，打造志愿服务社会实践育人平台①

春运志愿服务项目是广州铁路职业技术学院利用原有的铁路行业背景和专业优势，与广州铁路（集团）公司及其下属多家单位共同构建的校企合作实践平台。自2001年至今，广州铁路职业技术学院开展春运社会实践暨志愿服务活动已有14年头，共有23 941人次广铁学子参与了春运志愿服务社会实践项目。

参加春运社会实践暨志愿服务活动，一方面可加强学院与广州铁路（集团）公司、广州地铁等企业的紧密合作；另一方面，为广大学子在实践中运用专业技能开展志愿服务、提高职业修养、进入企业订单培养奠定基础，实现毕业生与企业零距离就业对接。春运志愿服务已成为学院在拓展实践育人工作领域的一个闪亮品牌。

一、顺应德育要求，打造实践育人平台

德育是高职院校育人体系的重要环节，它贯穿了高职院校育人的全过

① 广州铁路职业技术学院．2014年广东高校校园文化建设优秀成果申报材料——以校企合作为依托，打造志愿服务社会实践育人平台［Z］．2014.

程。学院将组织开展春运社会实践及志愿服务活动视为培养高技能应用型人才的重要教育环节，让学生在实践中提升技能，在实践中检验自身专业知识。

正面引导，加强教育。在组织过程中，该院不断从正面加强学生的引导教育工作。强调参加实践锻炼对个人成长的作用，对社会上的一些不良现象进行剖析，权衡得失的利与弊，增强同学们的免疫能力。这也是十四年的春运工作并没有出现学生严重违纪现象，且深受用人单位称赞的一个重要原因。

校企合作，建立基地。通过多年的合作，该院与各企业单位都建立了良好的合作关系，在此基础上，进一步与企业建立“社会实践教学基地”，为构建社会实践活动育人的长效机制提供了基础。

引入学分，深化教改。在组织工作中，将学生的社会实践成绩纳入学分制管理。在学分制实施办法中，明确规定：大学生在校三年期间，必须完成两个社会实践学分才能毕业，由此提高了学生参与春运社会实践工作的积极性。

二、拓展实践领域，育人效果明显

该院十四年的春运实践，逐步形成了“广、长、好”的显著特点，即通过春运实践，学生的参与规模大和受益面广，实践持续时间长，社会反响好。它实现了实践目标、实践方法和实践效果的有机统一，很好地提升了学生的综合职业素养和实践能力，使学生在真实的工作岗位中，接触社会、感悟人生，增强社会责任感和培养职业品质，实现了学生的理想信念、职业道德素养从“理论认识”经由“实践体验”到“内化践行”的飞跃。

在春运社会实践中，大学生学习和锻炼了铁路工人所特有的“铺路石”品格和“火车头”精神，即顾全大局、服从指挥、忠于职守、诚实守信、真情服务、无私奉献、敬业爱岗、严守纪律的职业精神。尤其是在2008年百年一遇的冰雪灾害中，该院学生成为春运队伍中一支“信得过、靠得住、拉得出、顶得上、压不倒、拖不垮”的生力军，赢得了铁道部和省、市领导，社会各界的高度评价和广泛赞誉。中央电视台、《中国教育报》、《广州日报》等多家媒体纷纷聚焦该院春运实践，多次报道该院学生在春运岗位上忘我奋战的感人情景。

通过春运实践的平台，不仅锻炼了学生的职业技能，更培养了学生敬业爱岗的职业精神。近年来，该院33%以上的毕业生在广州地铁及广州铁路（集团）公司等实践单位实现零培训上岗就业，其中广州地铁将近20%的员工毕业于广州铁路职业技术学院，还有不少在春运中参与组织管理工作的学生已经成为相关岗位的技术、管理骨干。

该院十四年来打造的春运实践育人平台也结出了丰硕的果实，《春运社会实践育人成果》获全国优质教育成果一等奖，《高职院校“六位一体”德育育人机制的研究和实践》获全国高校学生工作优秀学术成果特等奖。

结 语

广州市以体制机制改革创新为突破口，走出了一条具有广州特色的高职教育改革发展之路，初步形成了中国高职教育的广州模式，市属高职教育的发展规模、发展水平均处于全国省会城市前列。目前，在广州市6所市属高职院校中，有1所为国家示范性高职院校（全国首批28所之一）、1所为全国示范性骨干院校（全国100所之一）、3所为省级示范性（建设）院校（全省共25所）。

2010年，为进一步推动广州市高职教育改革发展，广州市承担了国家教育体制改革试点项目——开展地方政府促进高等职业教育发展综合改革试点。该项目针对广州市高职教育改革发展中的重点、难点问题，尤其是体制机制问题进行联合攻关，内容涉及政府拨款体制、校企合作、教师队伍建设、自主招生、中高职衔接、专本衔接、课程开发、专业人才培养模式改革、国际交流与合作、社会服务与培训等方面。随着这些攻关项目的研究成果的逐步实施和完善、制约广州高职教育改革发展的诸多体制机制问题的逐步解决或改善，改革试点项目必将进一步释放高职教育改革与发展的空间，充分激发广州市高职教育改革发展的活力和创造力。

2012年，广州市决定在增城建设“广州教育城”，这是广州市继大学城建设之后教育领域的又一大工程。广州教育城不仅会成为我国技术技能人才培养基地，而且会成为中国职业教育改革发展的典范，成为中国职业教育体制机制创新的试验田。根据规划，广州教育城预计投资300亿元，占地20.2平方公里，包括6所高职院校、12所中职学校和6所技工院校共24所院校及广州市高技能人才公共实训鉴定基地将进驻，同时预留2所“3+2”五年制学校和2所高职合作办学学校的用地。广州教育城一期初步预算共容纳12.78万学生进驻，用地需求合计约10 408亩（约合6.9平方千米）；二期将容纳学生共20.77万，用地需求约15 729亩（约10.5平方公里）。建设广州教育城是广州市一项重要的民生工程，对广州职业教育的发展具有里程碑意义，它的建设及投入使用，必将大大提升广州市职业教育的整体水平。

随着国家教育体制改革试点项目——开展地方政府促进高等职业教育发展综合改革试点和广州教育城各项目标任务的实现，中国高职教育的广州模式将更加成熟，也必将结出更丰硕的成果。广州必将成为我国高职教育改革发展的示范区、我国南方重要的职业教育高地。

参考文献

一、著作与论文

1. 广州市“十一五”教育科学重大研究课题组. 高职院校内涵发展研究与实践［M］. 天津：天津教育出版社，2009.

2. 卢现祥. 西方新制度经济学（修订版）［M］. 北京：中国发展出版社，2003.

3. 广州番禺职业技术学院. 装潢艺术设计专业人才培养方案与课程标准［M］. 北京：高等教育出版社，2009.

4. 广州科技贸易职业学院. 广州科技贸易职业学院志（1984 年 3 月—2009 年 2 月）［M］. 广州：广东人民出版社，2012.

5. 陈文君，符永勤. 高职酒店管理专业校外实训基地模式创新探讨——以广州城市职业学院碧桂园凤凰酒店管理学院为例［J］. 广州城市职业学院学报，2010（4）.

6. 赵小段. 高职教育与社区教育融合发展的探索与实践［J］. 淮海工学院学报（社会科学版），2011（15）.

7. 黎海彬等. 食品营养与检测专业“三平台三结合”人才培养模式的研究与实践［J］. 广州城市职业学院学报，2010（4）.

8. 蒋新革等. “产教一体、寓学于工”人才培养模式的思与行［J］. 教育与职业，2010（35）.

9. 蒋新革等. 高职现代制造专业群“三合一”教师工作室建设实践［J］. 职业技术教育，2010（3）.

10. 王世安. 高职以工作室为基础的现代学徒制研究：以广州工程技术职业学院计算机仿真专业为例［J］. 职教论坛，2013（27）.

11. 冯骏杰等. 体育高职院校竞技体育后备人才培养模式的研究［J］. 南京体育学院学报，2013（4）.

12. 关怀. 斯堪尼亚携手广州工程技术职业学院　共建“斯堪尼亚合作学校”[J]. 汽车与配件，2011 (43).

13. 兰先芳，张彦忠. 高职课程质量保证体系的探索与实践——以广州工程技术职业学院之瑞典斯堪尼亚合作学校为例[J]. 高教论坛，2014 (7).

14. 黄淑霞. 高校生均综合定额拨款模式探讨[J]. 财会通讯，2010 (17).

15. 樊本富. 高职自主招生：敢问路在何方[J]. 教育与职业，2009 (4).

16. 樊志光. 以信息化手段（CRP）推动学校管理机制全面创新[OB/OL]. http：//www. gzvtc. cn/htm/zt/djt/djt_ 01_ 01_ 27. asp.

17. 陈利，何静，张来源. 作业成为产品，学生成为员工——“五位一体”工学结合项目课程模式探究[J]. 中国教师，2008 (12).

18. 李英，欧阳丽. 机电类专业中等职业教育与高等职业教育课程衔接体系建设[J]. 教育与职业，2013 (23).

19. 蔡勤生. 高职院校分段式教学组织模式的实证分析：以电气化铁道技术专业为例[J]. 南方职业教育学刊，2013 (6).

20. 李训贵，宋婕. 大学人文教育路径的思考、选择与实践[J]. 中国高教研究，2009 (5).

21. 吴勇. 以“对接产业”引导高职院校专业设置与调整[J]. 南方职业教育学刊，2013 (4).

22. 江津津等. 适应广州产业结构升级的食品类专业群建设研究：以广州城市职业学院为例[J]. 广州城市职业学院学报，2012 (4).

23. 饶雪梅. 高职酒店管理专业“服务管理渐进、全程工学交替”人才培养模式的实践与探索——以广州番禺职业技术学院酒店管理专业为例[J]. 经济师，2010 (7).

24. 虹音，王向岭，陈亮波. 局区校三方共建广铁职院花都工学结合示范园[N]. 中国教育报，2013-10-08.

二、报告

25. 广州番禺职业技术学院 2010—2011 学年度高等职业教育人才培养

质量报告［R］. 2012.

26. 广州番禺职业技术学院2011—2012学年度高等职业教育人才培养质量报告［R］. 2013.

27. 广州番禺职业技术学院2012—2013学年度高等职业教育人才培养质量报告［R］. 2014.

28. 广州铁路职业技术学院2012—2013学年度高等职业教育人才培养质量报告［R］. 2014.

29. 广州城市职业学院2012—2013学年度高等职业教育人才培养质量报告［R］. 2014.

30. 广州体育职业技术学院2012—2013学年度高等职业教育人才培养质量报告［R］. 2014.

31. 广州工程技术职业学院2012—2013学年度高等职业教育人才培养质量报告［R］. 2014.

32. 广州科技贸易职业学院2012—2013学年度高等职业教育人才培养质量报告［R］. 2014.

33. 广东省高等职业教育2013年人才培养质量报告［R］. 2014.

34. 广州市“开展地方政府促进高等职业教育发展综合改革试点”项目工作总结报告［R］. 2013.

35. 吴勇等. 与本科院校联合培养专业学士人才培养模式改革［R］. 广州市高等学校第五批教育教学改革体改项目结题报告，2014.

36. 郑彩云等. 高职院校自主招生制度的研究与实践［R］. 广州市高等学校第四批教育教学改革体改项目结题报告，2013.

37. 钟碧菲等. 建立市属高职院校学分互认制度及实施细则［R］. 广州市高等学校第四批教育教学改革体改项目结题报告，2013.

38. 刘国生等. 广州市高职院校集团式办学的探索与实践［R］. 广州市高等学校第四批教育教学改革体改项目结题报告，2013.

39. 蒋新革等. 以职教园区为平台探索提升职教资源配置效益的动力机制［R］. 广州市高等学校第四批教育教学改革体改项目结题报告，2013.

三、政府文件

40. 国务院关于加快发展现代职业教育的决定［Z］. 2014.

41. 国家中长期教育改革和发展规划纲要（2010—2020 年）［Z］. 2010.

42. 广州市人民政府关于进一步改革和发展职业教育的决定［Z］. 1999.

43. 广州市职业技术教育发展总体规划（2006—2020 年）［Z］. 2007.

44. 广州市人民政府办公厅关于促进我市职业教育校企合作工作的意见［Z］. 2013.

45. 广州市关于实施我市高等职业教育内涵建设工程的若干意见［Z］. 2008.

四、网站资料

46. 广州教育局官网，http：//www. gzedu. gov. cn/

47. 广州番禺职业技术学院官网，http：//www. gzpyp. edu. cn/

48. 广州铁路职业技术学院官网，http：//www. gtxy. cn/

49. 广州城市职业学院官网，http：//www. gcp. edu. cn/

50. 广州体育职业技术学院官网，http：//www. gztzy. net/

51. 广州工程技术职业学院官网，http：//www. gzvtc. cn/

52. 广州科技贸易职业学院官网，http：//www. gzkmu. cn/

53. 广州科学技术协会网站，http：//www. gzast. org. cn/

54. 日立电梯（中国）有限公司官网，http：//www. hitachi－helc. com

五、其他资料

55. 谢鹏波等. 石油化工专业群职业教育联盟公约［Z］. 2014.

56. 广州铁路职业技术学院合作学院章程［Z］. 2013.

57. 广州体育职业技术学院省级示范性院校建设方案［Z］. 2013.

58. 王晓敏等. 基于多元利益主体需求的教学质量管理机制［Z］. 广东省第七届高等教育教学成果科学总结，2013.

59. 宋梅梅等. 基于 NYP 研习基地的高职国际化人才培养模式探索与实践［Z］. 广东省高等学校“创新强校工程”建设项目申报书，2014.

60. 广州工程技术职业学院“十二五”事业发展规划［Z］. 2011.

61. 张来源等. 皮具行业创新型设计人才“三方融通、三品递进”培养模式的实践［Z］. 职业教育国家级教学成果科学总结，2014.

62. 广州铁路职业技术学院. 2014 年广东高校校园文化建设优秀成果申报材料——以校企合作为依托，打造志愿服务社会实践育人平台［Z］. 2014.

后 记

本书是由广州市承担的国家教育体制改革试点项目“开展地方政府促进高等职业教育发展综合改革试点”中的2013年攻关项目“广州市属高职院校体制机制创新研究”的成果。该项目作为广州市属高等学校第五批教育教学体制改革类重点项目获得立项资助。

本书由来自广州市属六所高职院校的科研人员联合完成，是协同创新的成果。项目负责人查吉德负责本书最终成果的撰写、审定，对全书进行设计、通校，对正文部分作了大幅度的详细修改和补充，尤其是补充和编写了大量实践案例，负责编写第一、二章以及第五、七章非案例部分，并审定广州番禺职业技术学院体制机制改革创新的实践经验及案例；王向岭老师编写了广州铁路职业技术学院体制机制改革创新的实践经验及案例，欧阳丽处长负责审定并作了大量补充；唐明明老师编写了广州城市职业学院体制机制改革创新的实践经验及案例，赵小段副研究员负责审定并作了大量补充；谌丹老师编写了广州工程技术职业学院体制机制改革创新的实践经验及案例，兰先芳处长负责审定并作了大量补充；崔智芳老师编写了广州体育职业技术学院体制机制改革创新的实践经验及案例，张苹处长负责审定并作了大量补充；方强副校长负责编写、审定广州科技贸易职业学院体制机制改革创新的实践经验及案例；黎荷芳副研究员对书稿进行最后的校阅及补充修改。

本书参考或直接吸收了广州市政府及有关部门出台的政策文件，广州市属六所高职院校有关部门和老师撰写的各类总结材料、人才培养质量报告、示范性（骨干）院校建设申报方案和验收材料、专业人才培养方案、课程标准和论文成果等，以及由六所学校承担的国家教育体制改革试点项目“开展地方政府促进高等职业教育发展综合改革试点”中的攻关项目的研究成果。在此，对这些成果（材料）的撰写单位、团队及个人表示衷心感谢。

感谢广州市教育局对本书的出版资助，感谢广州市教育局高教处邵国良处长、梁立丹科长在课题研究、资料收集、本书撰写方面给予的大力支持和帮助。邵国良处长和梁立丹科长对本书的修改提出了非常好的意见和建议，并提供了许多珍贵的文献资料；感谢暨南大学出版社黄文科主任对本书出版付出的辛苦工作；感谢广州番禺职业技术学院、广州铁路职业技术学院、广州城市职业学院、广州体育职业技术学院、广州工程技术职业学院、广州科技贸易职业学院的领导对课题研究及本书编写工作给予的大力支持。

本书致力于呈现中国高职教育的广州模式的轮廓，总结梳理广州高职教育改革发展的成功经验及案例。但因水平有限且受研究材料的局限，本书对中国高职教育的广州模式的总结、提炼可能不完整甚至有偏颇之处，对广州市高职教育体制机制改革创新的实践经验的总结可能不全面，对案例的分析可能不透彻，欢迎广大读者予以批评指正。

编 者

2014 年 12 月